国際線外資系CAがシェアしたい

自分らしく生きるための
人生の羅針盤

関西なにわ育ち・カナダ10年目

Ryucrew

KADOKAWA

◀大阪城ホールを彷彿とさせる教会がヘルシンキに。

▲人生で初めておにぎりとツーショットを撮った（当たり前の存在すぎて海外来るまであんたのありがたみに気づいてへんかったわ）。

▲魔女らしいけど、普通に服装はかわいい系に寄せてるオシャレさん。

▶見たことのない野菜や肉の量り売りなどがあるリガの市場で一番テンションが上がった瞬間：漬物屋さんを見つけたとき（私、漬物大好きですねん）。

▲海外のものは何でもかんでも位置が高すぎるのよ。

▲神戸の皆様、ロンドンにも「にしむら珈琲」ありますよ。

▼教科書に出てきそうなくらいわかりやすい観光客の典型的な姿を示すオカン。

▲そこに見えているのに、まさかの五輪の影響で道が至るところで封鎖され、一生たどり着けそうにないエッフェル塔。

◀終わりの見えない大量の展示物……「もう十分やで、もうええで」。

▲パリでウキウキしながら食後のデザートにプリン頼んだら、予想外に重たそうなパンみたいなのが届いた（思ってたんとちゃう！）。でも美味でした。

▶機内ドリンクの定番ブルーベリージュースを飲み損ねたオカンのために、ネットで情報を漁ってようやく見つけた機内とまったく同じジュース（これ絶対に日本でも流行ると思います）。

◀一瞬セクハラおじさんに見えたメニューのイラスト。2人が夫婦であるか、もしくはお互いに気があることを願います。てか、違かったら完全にセクハラです。

▲旅先ではオカンの専属カメラマンもやってます。

▲カップルで泊まるとき以外は結構難易度が高いことで知られる海外のガラス張りお風呂。めちゃ素敵なんですけどね。

▼暑い国ほど熱い飲み物が出される不思議。モロッコではミントティー、カタールではチャイ。美味しいんやけども、今はそれちゃうのよ～感。コーラが欲しいです（本音）。

▲旅行中に生肉を食べるのは結構な賭け。これでハズレを引くと……（私は大丈夫でした）。

▶助手席のオカンから運転についてヤンヤン言われながらドライブしたハワイ（ほな自分が運転しいな）。

◀もうね、毎回来るたびにメニュー表の値段を見るのが怖いんです。物価高騰がすごすぎて見た目はかわいいけど、値段は一切かわいくないアサイーボウル。

▶伯母との１枚。料理まわりを飛び回っているハエの大群のことは一旦忘れて、はいチーズ！　直後、ハエの追い払い作戦再開。

▲付き合いたてカップルの学校からの帰り道くらいの距離感で。ゾウさんとツーショット。

▼飲み干すまで、どこにも置けない仕様のビニール袋入りミルクティー。

▼高所恐怖症の人は階段でエッフェル塔を上るのはおすすめできません。足元が透け透けな上に鉄骨の細さに恐怖をおぼえながらひたすら上り続けなければならないからです。

▲ヨーロッパで教会巡りが続き、ついにお腹いっぱいになってきた私。

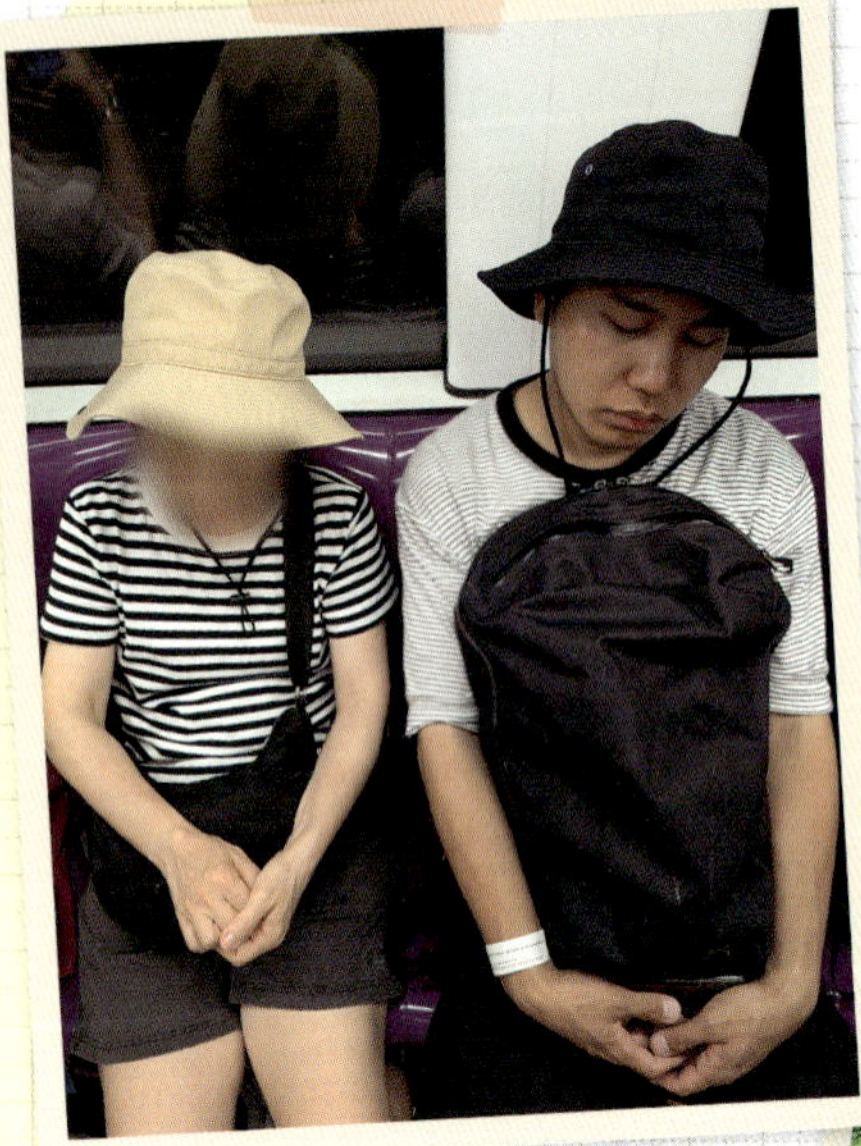

▲海外ではスリや置き引きも多いので、電車で眠るなんてもってのほかです（しかも2人して）。

▼ムエタイもさあ、結局は脚も腕も長い人のほうが絶対有利やん……と愚痴をこぼしそうになりながら親父ギャグ連発のコーチとミット打ち。

◀ヘルシンキで見かけた「北欧版の二宮金次郎」と私が勝手に呼んでたアート。歩きながらの読書は危険やし、今どきの金次郎はまっすぐ前だけを見て歩くんやな。それはそれで偉い。

◀どことなく大阪の天王寺駅前のような昭和な雰囲気を醸し出すヘルシンキ中央駅前にあるビル。

▶安宿、ハードスケジュールの旅なので、移動時間くらいはちょっと優雅に過ごしてほしいという思いから。せめてものビジネスシート……なんと 2000 円。

◀美味しすぎて、最後の一口の手前で写真を撮ることに気づいた。機内で提供された、飲みかけのブルーベリージュース。

▶ラクダさんに申し訳ないので、乗り心地結構悪かったけど、下りるまで快適そうな顔をして耐えました。

▲ガーリックにつられてか無数のハエがひっきりなしに目の前を飛び交う。インスタグラマーは皆オシャレに食べてますけど、実は裏でハエと戦いながら食べているんです。

▲砂漠ドライブのガイドさんが砂に書き残した謎のメモ（怖くて何かはきけず）。

▶ドーハ空港にある大きなテディベアの像。なんか下向き加減でお疲れのようやけど、この数時間後には私たちも機内でまったく同じ体勢になって爆睡してた（急に親近感）。

◀リガでオカンと夜マクド。机は散らかってるし、顔は険しいし、でもこれも旅のリアル。

▼まさかの夏のヨーロッパでエアコンなしの部屋。しかも宿泊費はこの旅で最高値。海外のホテルでのサプライズはいつも想定を超えてきて逆に感動する（嫌味）。

◀せっかちな俺に必死についてきてくれてありがとうな、オカン。

はじめに

皆様、ご搭乗ありがとうございます。Ｒｙｕｃｒｅｗと申します。カナダの航空会社のキャビンアテンダント（ＣＡ）として働き始めて、丸10年が経ちました。

大阪の下町で生まれ、海外や英語などにまったく縁のない家庭で育ち、海外ドラマや洋楽にもこれっぽっちも興味がなかった私が、日本から太平洋を越えてカナダに移住し、そこで航空会社の国際線ＣＡとなり、さらにはコロナ禍でＹｏｕＴｕｂｅを始めたことを契機にテレビに出演させていただいたり、こうして2冊目となる本書を出版させていただけたりと、自分でも驚くほど、かなりぶっ飛んだ人生を送らせていただいております。

こうして文字に起こしてみると、すごくエキサイティングで順風満帆の人生のように見えるかもしれませんが、もちろんこれまでを振り返りますと、仕事や私生活のことで落ち込んだり、悩んだり、行き詰まったりと色々ありました。自分のことを語るとき、どうしても「自分」がやってきたことに注目してしまいがちになるのですが、今回、本書を書いていく中で、私の人生にはいつも誰かのサポートや手助けがあったということ、そして「自分1人だけでやってきたこと」なんて何1つもないということに気づかされました。今回、本書を出版させていただけることになったのも前著をはじめ、ＹｏｕＴｕｂｅなどで温かく支えてくださった方々の存在があったからです。この場を借りて私にこうした機会を与えてくださった皆様に心からの感謝を申し上げます。
本書では、私のライフスタイルの一部でもある「旅」を通して、そしてこれまでの家庭生活や海外生活を通して身につけてきた「自分らしく生きるためのコツ」のようなものを、恐縮ながら少しでも皆様にシェアさせていただきたく、拙いですが自分なりの言葉で、したためさせていただきました。

主にCAという仕事を中心に私の生き方についてお話しさせていただいた前著とは少し視点が異なり、さらに踏み込んで、私のプライベートな話を中心に、これまでに打ち明けてこなかったようなかなり赤裸々な身の上話なども盛り込ませていただいております。また前著ではご紹介できなかった写真も多く掲載しております。私が撮った写真だけではなく、一緒に旅行をしたオカンやカナダ人パートナーからも提供してもらいました。2人が撮った写真には彼らと同じ時間に、同じ場所に私も居たはずなのに、私には見えていなかった景色や瞬間がたくさん写っていました。オカンの写真には、いつもオカンの前をズンズンと歩いている私の後ろ姿が写っていたり、パートナーの写真にはオカンと私のツーショット写真がさりげなく収められていたり。それらを眺めながら、改めて、2人の大きな優しさに包まれて生きていることを実感しました。

それでは皆様、当機は間もなく離陸いたします。短い時間ではございますが、本書へのフライトをどうぞお楽しみください。

目次

第1章 定年した関西人オカンと世界旅行

第2章 カナダ人パートナーとの異文化ショック

第3章 国際線外資系CAのリアリティ

第4章 なにわ下町の凸凹家族

第5章 故郷を離れて気づくアイデンティティ

第6章 自分らしく生きるための羅針盤

STAFF
写真提供／Ryucrew、オカン、パートナー
ブックデザイン／菊池 祐、今住真由美［ライラック］
イラスト／木下ようすけ
漫画／せきの
DTP／ニッタプリントサービス
校正／文字工房燦光
編集協力／森永祐子
編集／青砥ミキ、佐々木健太朗

※掲載内容は本書執筆時2025年1月時点の情報です。社会情勢や市場の動向の変化に伴って、最新の情報と異なる場合があります。
※掲載内容はあくまで著者個人の見解であり、必ずしも所属する組織や企業の意見を代表するものではありません。

第 1 章

定年した関西人オカンと世界旅行

01

オカンの定年退職することないからカナダに呼んでみた

保育士として37年間働いてきたオカンが定年退職しました。光栄なことに親子３代でお世話をさせていただいたご家庭もあるようです。

うちのオカンは身長１５０センチもない、日本人の中でもかなり小柄なほうなのですが、私に見せてくれた背中はめちゃくちゃデカかったなぁと、定年退職の日にしみじみと思いました。

職場の方々からいただいたたくさんの花束や贈り物を抱えて、温かい拍手で見送られているオカンの姿を見て（当日職場に送迎したのです）、これまでのオカンの人生に対する労《ねぎら》いと感謝の気持ちと、「これからは私がオカンや大切な人のために頑張っていかな」という強い思いが交錯しました。

うちの家庭は母1人子1人の母子家庭で、私の物心がつく前に両親が離婚したので、私が見てきた大部分のオカンは、とにかく毎日朝早くから夜遅くまで働いていました。むしろオカンが働いていることが当たり前すぎて、働いていないオカンの日常というものを定年間近になるまで考えたことすらなかったくらいです。

オカンには、定年したらこれまで働いてきた分も、ゆっくり休んでもらいたいと思っていましたが、一方で、「オカンは定年後、毎日どうやって過ごすんやろ？　忙しくしてきた人がいきなり無期限の自由時間を与えられたらどうなるんやろ？」と、私の中で漠然とした不安や心配もありました。

そんなこともあり、オカンが定年する1、2年くらい前から、「定年したらすることを考えときや」とよく話していたのです。なんせ、趣味に費やす時間もないくらい仕事一筋で生きてきた人なので、定年するまで、特にこれといった趣味を持っていませんでした。

もし私がオカンと一緒に暮らしていたり、父親がいたりすれば、オカンの話し相手にもなるし、趣味や日常の楽しみなどを一緒にできたのかもしれません。しかし、うちの場合は、私が遠く離れたカナダで暮らしていて、頻繁には会いに行けない距離で

カナダでは、タイミングが合えばオカンとパートナーと３人で愛犬ゆずの散歩をしていました。

すし、実家にはオカン1人という状態でしたので、それも心配の一つでした。

とにかくオカンには、「何か楽しみや趣味を見つけて、社会との繋がりを持ってもらわなあかん」と、まるで私が親にでもなったかのような、変な責任感みたいなものもありました。

実は、私がこんな風に焦ってしまう理由の一つに、亡くなった〝おばあちゃん〟のことも影響しています。おばあちゃんと私たち親子は2世帯住宅で暮らしていたのですが、シングルマザーとして働いていたオカンの代わりに、おばあちゃんがずっと世話をしてくれていました。

ところが、私が大学生のときにカナダ留学をして実家を離れた頃から急激に認知症が進行していったのです。もしかしたら、世話を焼いていた私が成長し、さらにはいなくなったことで、環境の変化に適応できずに進行が早まったのかもしれません。おばあちゃんがそうなる過程を私は見て知っていたので、オカンに対しても、「何もすることがなくなったら、認知症になってまうんちゃうやろか？」という、恐怖にも近い不安があり、「オカンが定年したらカナダに呼ぼう」と思い始めたのでした。

オカンには「もう仕事とか気にせんでええんやし、どうせ時間はたっぷりあるんやから、カナダに遊びにこうへん？　愛犬のゆずも待ってるでえ」と言って、帰国する期限も特に決めずに、半ば強引にカナダのバンクーバーにある自宅へ呼び寄せました。

オカンは1人で国内旅行も（もちろん海外はもってのほか）したことがないですし、なんなら1人でごはん屋さんに行くのも躊躇するような人です。そんなオカンだからこそ、オカンがまだ見たことがないような世界に連れて行って、人生をもっと楽しんでもらいたいと思いましたし、いつ何が起こるかわからない時代だからこそ、今できることを存分に楽しんでほしいと思ったのです。

02

オカンのカナダ滞在
オカンとパートナーと私と時々ゆず

定年したオカンの還暦カナダ生活は、途中で行ったヨーロッパ旅行も含めると約2ヶ月に及びました。終盤は、伯母（オカンの5歳上の姉）から連日のようにかかってきた「いつ帰ってくんの？　お盆やからお墓参り行かなあかんで」の電話によって帰国の途につくことになりましたが、私が強引にカナダに呼んだわりには、オカンなりに毎日楽しく過ごしてくれていたように思います。

今回の滞在では、オカンには観光というよりはカナダで暮らしているような感じを味わってほしかったので、あえて特別なことは何もせず、スーパーやカフェなど、私が普段よく行くお店に連れて行ったり、休日には公園でテニスをしたり、そんなカナダの普通の日常生活を楽しんでもらいました。

ただし、オカンのためにも、お客さんのように何もせずに過ごしてもらうのは良くないと思い、ある程度のタスクといいますか、仕事を課しました。その一つが一緒に暮らす愛犬ゆずの散歩です。

カナダでは道ですれ違いざまに、顔見知りでなくとも、「ハロー」と挨拶を交わし、お互いに犬を連れている場合などは軽く会話をすることが多いです。オカンも、カナダに来た当初こそ、「英語頑張るわ」と、メモ帳まで買ってやる気満々でしたが、なかなか上手くいかず……。そんなオカンにとっては散歩中の「ハロー」すら苦痛でしかなかったようで、いつも決まって散歩前になると、今日も誰かに出くわすんやないか……とソワソワしていました。それでも帰国間際には慣れたそぶりで「ハロー」と返事を返せるようになっていたようですが、それ以上の会話には絶対に発展させたくないオカンは、うまい具合にその場を立ち去る術《すべ》を体得したらしいです。

オカン滞在中も、当然ながら私は仕事があったので、たまに家を空けることがありました。私の職業であるＣＡは毎日決まった時間に出退勤するようなことはなく、また、一度家を空けると数日間の不在となるのが常です。そんな訳で、私が仕事で不在のときは、オカンは私と同居しているカナダ人パートナーと２人きりの生活でした。

オカンがカナダ滞在中につくってくれたお好み焼き。これが食べたかったんや！

オカンとパートナーは少し性格が似ているところがあって、2人とも人見知りで慎重な性格です。そして英語がまったく話せないオカン同様に、パートナーも日本語があまり話せません。

私を含めた3人で家のリビングでくつろいでいるときも、私がトイレに立とうものなら、瞬時にシーンと気まずい雰囲気が漂います。たまにオカンは「とりあえずスマホに入ってる写真を見せて場を持たせとこか作戦」を決行していましたが……。

そんな2人なので、私の不在中

はどうなることやらと心配しましたが、どうやらスマホの翻訳機能を駆使して会話をしたり、なんと！　一緒に近所のバーガーショップに行ったり、スーパーに買い出しに行ったりもしたそうです。

２人の性格を知っている私としては、「きっとお通夜みたいに、えらい静かにして行ったんやろなあ」って想像したのですが、私も私で、「まあ、ゆずもおるし、大丈夫やろ」と、自分勝手に都合よく解釈して仕事に行っていました。よう考えたらゆずは英語も日本語も喋れないのですが……。

滞在中にオカンの誕生日もありました。パートナーがサプライズでケーキを買ってきてくれて、その横で私は花をプレゼントして、ゆずはとりあえず戯れて、ささやかですが３人と１匹でお祝いをしました。オカンもとても喜んでくれていました。

他にも、私がいつもお世話になっている日本人の美容師さんのところに連れて行って、ぺちゃくちゃ日本語を話しながら白髪染めをしてもらったり、オカンが１人のときには公園で本を読んだり、部屋で編み物をしたりして、オカンなりに充実した毎日を過ごしてくれたみたいです。ただ、カナダに移住・永住したいという気持ちはないようで、「やっぱり大阪がええな」という捨て台詞を残して帰っていきました。

03

ヨーロッパ周遊の旅はミステリーツアー まずはイギリス・ロンドンからスタート

オカンのカナダ滞在中、親子2人でヨーロッパ周遊の旅に出ました。ヨーロッパ周遊といっても、皆様がご想像されるような優雅なものではなく、行き先や宿泊先が未定の、旅慣れていないオカンにとってはまさにミステリーツアーのような旅行です。

これまでの旅行では、どうしてもオカンの仕事の予定などを気にしながら行くことが多かったのですが、定年した今はもう仕事とか休みとか関係ないので、「たとえ予定通りに帰れんくても、かまへんで！」ってことで、ノープランのヨーロッパ周遊へ旅立ちました。

なぜ行き先などが未定かといいますと、航空会社の福利厚生の一つ〝空席待ちの旅〟を使ったからです。そのため、まず旅行の最初の目的地も、イギリスのロンドンになるかフランスのパリになるかすら未定の状態で、とりあえず荷物とパスポートを持って空港へ向かい、その日はたまたまロンドン便に空席があったので、私たちは一路イギリスに飛びました。オカンにとっては人生初の大西洋横断でした。

オカンに「ロンドンでどこ行きたい？　何したい？　何見たい？」ときいたところ、「ロンドンバス！　アフタヌーンティー！　ロンドン兵！」と、この3つを挙げました。というか、それ以外はあまりイメージがなかったようで、イギリスではこの3つをコンプリートすべく観光することにしました。

オカンはイギリスが初めてだったせいか、まだ旅の序章で疲れていなかったせいか、めっちゃテンションが上がっていたのですが、夕食のために入ったローカルのパブで、その雰囲気に圧倒されていました。「こわい、こわい、よう入らんわ」と入店するのにかなり勇気が必要だったようです。

パブは東京の新橋や大阪の京橋を洋風にしたような酒場です（だいぶ無理矢理ですが）。夕食時に行くと仕事帰りのいい感じにできあがったイギリス人たちで溢れていて、ひたすらビールを飲みながらお喋りしている姿が目に飛び込んでくるので、パブをまったく知らない人だとその雰囲気にびっくりするかもしれません。

パブで頼んだフィッシュアンドチップスとアップルサイダー。絶品でした！

初パブで、さらにはビールが苦手なオカンが「パブではビール飲まなあかんねやろ？」という変なプレッシャーの中で注文して激ハマりしたのが〝アップルサイダー〟でした。日本で例えるなら酎ハイのようなアルコール入りのドリンクです。甘味があって飲みやすく、ヨーロッパならばだいたいどこの国にもあるので、以降、旅行中のオカンは「飲み物に迷ったらとりあえずアップルサイダー」という感じでした。

パブの翌日に、オカン念願のアフタヌーンティーをしたのですが、どうしてもイギリスのホテルやティーサロンのような良さげなお店だと、ドレスコードがあったり、私たちみたいなのが気軽に楽しめるような雰囲気ではないと判断し、ネットで見つけた、2階建てのロンドンバスに乗ってアフタヌーンティーが楽しめる！というツアーに予約して乗ってみました。これでオカンがイギリスでしたかった2つを同時にクリアできました。

ロンドンブリッジやビッグベンなど、ロンドンの主要観光名所を車窓から眺めながらアフタヌーンティーが楽しめるのですが、7月のロンドンはまだ暑く、エアコンのない車内だったこともあり、紅茶を優雅に楽しむ余裕はありません。

そしてもう一つ、オカンが絶対に見たい！と言っていたロンドン兵（バッキンガム宮殿前でのイギリス衛兵の交代式）ですが、ちょうど私たちが行った時期は毎日は行われておらず、そのため、イギリスには2泊の予定だったところをこれだけを見るために1泊延泊しました。そして、実際に待望の交代式を見ようと、始まる前からオカンと期待に胸を膨らませて並んで待っていたのですが、交代式が始まった途端、狙っていたかのようにオカンの目の前にいきなり大柄な男性が割り込んできて見えづらくなってしまい、「ちっちゃいからナメられたんやわ」と、少しぷんぷんのオカンでした。

04

腹痛から始まったフィンランド マリメッコとムーミンの虜に

ロンドンの次はフィンランドのヘルシンキに向かいました。もちろん、ここでも私たちは〝空席待ち旅〟でしたので、お客様が搭乗された後の空席の有無によって乗れるかどうかが決まります（毎回ドキドキします）。

運良く出発ギリギリで座席がもらえ、ダッシュで飛び乗り、空席待ちのストレスから解放され安堵した私でしたが、一方、オカンのほうはそこから地獄が始まりました。

私は座席が離れていたので様子がさっぱりわからなかったのですが、どうやらオカンは機内でお腹が痛くなったらしいのです。化粧室に行こうにも、前方はミールサービスの準備でふさがれており、後方に行こうにも、これまたドリンクサービスのカートで通路がふさがれて行けず、ひたすら座席で耐えるしかないという危機的状況。私に助けを求めることもできず、２時間半のフライトはオカンにとってはとにかく辛く苦しいものだったようです。

　私たちが利用したのはフィンランドの航空会社だったのですが、その機内ドリンクで人気なのがブルーベリージュースです。私も大好きで、その飛行機に乗ったら誰もが頼むような定番のドリンクなのですが、オカンが英語で自信を持って頼めるドリンクはオレンジジュースしかないので、ここでも当たり前のようにオレンジジュースを飲んだというオカン。あとからそのことをきいて、「ブルーベリージュースを飲まな始まらんやん」と、どうしても飲ませたかった私は、ヘルシンキのスーパーで機内で提供しているものと同じメーカーのジュースを買い、リベンジとばかりにオカンに飲ませました。その感想は「まあまあ甘いな」でした。（それだけかい！）

　ヘルシンキ空港に到着するなり、「じゃあ、今からサウナ行くで」と、いきなりオカンに告げた私。オカンにとっては腹痛後のサウナという修行のようなフィンランド旅行の始まりとなった訳です。しかも水着に着替えてサウナに入るなり、近所に住んでいると思わしきフィンランド人のオッチャンから話しかけられ、私たちが日本人だと知ると「ウェルカム！」と、いきなり水をバッシャーとかけられたオカン。サウナ

映画にもなった「かもめ食堂」の定食セット。味噌汁に胃が癒されました。

に連れてきた張本人のくせに、さすがの私も「還暦には過酷すぎるやろ」と思いました。

ところで、フィンランドはとにかく何を食べても美味しかったです。サーモンスープ、サーモングリル、ミートボールなどなど、寒い国なせいか、味がしっかりしていてクセもなく、どれも日本人に馴染みやすい味わいで、オカンも気に入っていました。

映画の舞台にもなった日本食レストラン〝かもめ食堂〟（現在の名称は〝ラヴィントラかもめ〟）にも行ったのですが、久しぶりに食べる日本食にほんまに癒されました。実はオカンも私も、『かもめ食堂』を観たことがなかったのですが、カナダに戻ってから一緒に鑑賞しまして、「あっこに座ったな」「ここ歩いたな」と、そんな会話をしながらフィンランドの思い出に浸りました。

フィンランドで驚いたのが、ローカルなスーパーで普通にマリメッコやムーミンのグッズが売られていて、現地の人々が普段使いしているということです。私もオカンもそれらにはもともと興味がなかったのですが、現地でそのかわいさにやられて急にファンになってしまい、あれこれ買ってしまいました。オカンにいたっては、かもめ食堂で使われていたアラビアのムーミンのカップに一目惚れして、「同じものがほしいわ」と言い出し、大阪の実家に1個もムーミングッズなんかなかったくせに、店舗を3軒くらいハシゴしてやっと手に入れていました。ちなみに、このムーミンのカップが今回の旅行で唯一のかさばるお土産となりました。

他にも、オカンは薄くてかさばらないお土産として、マリメッコのエコバッグを購入。売り場でかなり吟味していたオカンに、店員さんが一緒になって何度も畳み方の練習に付き合ってくれて、「開いて、閉じて〜、開いて、閉じて〜」と、「もうええわ」ってツッコミ待ちなんか？ってくらいしつこく練習していました。

05

タリン旧市街ではしゃぐオカン
ハプニングだらけのバルト三国

フィンランドから次はどこに行こうかと悩んでいたところ、ヘルシンキからバルト三国の一つ、エストニアのタリンに船を使って手頃な料金で行けることを知り、2時間半ほどかけてバルト海を縦断し、エストニアへ渡りました。夕方に乗船したのですが、日照時間が長いせいか、昼間のような明るさの中で海を眺めながら移動できましたし、船も大きくて、船内では食事や買い物も楽しめました。

実は、この船内でロンドン兵以来の〝オカンがナメられる!?〟珍事件が再び発生！　オカンが船内のトイレから出ようとした際にまたもや背の高い大柄な女性にドアを塞がれるようなかたちになり、仕方なく微動だにしない彼女の脇の下をくぐり抜けて脱出してきたそうです。トイレから戻ってくるなり、「ちっちゃいからナメられたわ！　池乃めだか師匠の『見下～げて～ごらん～♪』ちゃうで！」と、ぷんぷんなオカンでした（オカン自身が小さいことを気にしすぎているのもあると思います）。

北欧は背が高い人が多い印象で、私たち親子は特に背が低いので、オカンはことあるごとに「ナメられたらあかんで！」「気をつけなあかん！」と何かと気を張っていたのですが、実はバルト三国の3カ国目になるリトアニアの首都ビリニュスの街でも思いかけないハプニングがありました。

夕食のレストランを探して2人で並んで歩いていたときに、すたすたと後方から至近距離で私たちについてくる人の気配を感じたのです。オカンがすかさず「あかん、スリがついてきてる」と言い、私も「スリちゃうか？　気をつけなあかんで。早よ歩くで」と、海外ということもあって、めちゃくちゃ日本語（関西弁ですが）で話しながら歩いていたら、後ろから、「すみませーん！　日本の方ですか？」と日本語で呼びかけられたのです。振り返ると、笑顔の欧米人の女性2人組で、よくよくきいたら、日本で暮らしたことがあるという日本語の堪能な女性たちでした。「うちら、めちゃくちゃ日本語でスリやなんやって言ってたけど、きこえてたんとちゃう？」と恥ずかしくなりながらも、純粋に日本を愛してくれている、ただただ優しい人たちで、束の

おとぎ話に出てきそうなかわいらしいエストニア・タリンの旧市街。

間の楽しい時間を過ごさせていただきました。

どうやら、彼女たちはなかなかリトアニアで日本人と出会う機会がなかったらしく、2年ぶりに日本語を話せて嬉しかったと言っていました。こういう出会いがあると、「旅ってええなあ」とつくづく思います。一期一会とはよく言ったものです。もちろん海外旅行では用心するに越したことはないのですが、警戒しすぎて人との偶然の出会いをなくすのももったいないと、彼女たちとの出会いで痛感しました。

さて、話をエストニアに戻しますが、オカンにとって今回のヨーロッパ旅行で一番良かった場所がエストニアのタリンの旧市街だったようです。

タリンの旧市街は、誰もが子どもの頃に読んだであろう、外国の中世のおとぎ話に出てくるような、そのイメージ通りのかわいらしい街並みが広がっていました。オカンもテレビでしか見たことがなかったような世界に感激したようで、「かわいいわ、すてきやな」と、写真をバシャバシャ撮っていました。挙げ句の果てには、「テーマパークみたいやな」とアホみたいなことを言い出すオカン。「いや、ちゃうやん！テーマパークがこっちに寄せてんねん。こっちが本家やで」と、そんなことを言い合いながら、私は旧市街で黄昏るオカンをパシャリ。

ただ、ヨーロッパなどに点在する旧市街はどこもそうなのですが、道が上がったり下がったり、坂道が続いたり、とにかく上下運動が多く、また、石造りの階段や螺旋階段も多かったりして、足腰がしっかりしていないとかなり大変なのでご注意ください。私たちもかなり歩き疲れました。

06

オカンとラトビアのリガで夜マクド
全ては大阪城の一杯のうどんから始まった

エストニアのタリンからバスに乗ってやってきたバルト三国の中間地点、ラトビア。ここでの一番の思い出は、なんと言っても、首都リガでの〝オカンと夜マクド〟です。ラトビアの観光名所を期待された皆様、申し訳ございません。世界のどこにでもある、あのマクドです。

というのも、夜10時を過ぎた頃にリガに到着して、そこからホテルにチェックインした私たち。お腹は空いていたものの、その頃には夜11時を過ぎていたので、ホテル周辺のレストランはどこもかしこも閉まっていて、結局たどり着いたのがマクドでした。地元の若いコたちしかいないような夜のマクドでハンバーガーやポテトをテイクアウトして、オカンと2人でホテルへの道を並んで歩きました。

ふと、私の中で、「オカンと2人で夜にマクド、しかも日本でもカナダでもなく、まさかのラトビアのリガで……」って、客観的に考えたらおかしくてたまらなくなり、「ウチら親子がリガで夜マクドやで！　想像できた？」とオカンにきいてみました。オカンはラトビアという国もよく知らなかったですし、まさか人生でその国に来ることがあるとは想像すらできなかったようでした。

そして私の中では、オカンが昔よく私に話してくれたことが思い出されて、その話と今の状況が妙に重なりました。

私の両親は私が物心がつく前に離婚しているのですが、オカンは幼い私を連れて母子2人だけでファミレスに食べに行くことに、当時とても抵抗があったそうです。今のオカンであれば、そういうことは気にしないかもしれませんが、当時はオカンもまだ若く、今から30年以上前のことですので、もし母子2人だけで食事をしていたら、周りからかわいそうだと思われるんちゃうか？　寂しいと思われるんちゃうか？と勝手な被害妄想をしてしまい、「よう行かへんかったわ」と、思い出話のように話してくれていました。

あともう一つ話がありまして、オカンが離婚を決意し、親権の手続きのために抱っ

美味しいものをたくさん食べたけれど、これが１番の思い出になるなんて！（笑）

こひもで私をおぶりながら大阪の家庭裁判所に行っていた頃なのですが、無事に手続きが終わり、家庭裁判所を後にし、まだ赤ん坊だった私を連れて、裁判所のすぐ目の前にある大阪城の売店でうどんを食べたそうなのです。

オカンにとってはそのとき食べたうどんが、シングルマザーになって初めて親子２人で食べる食事だったために、ずっと忘れられない光景として残っているようで、よくその話も私にきかせてくれました。きっと、赤子の私にうどんをちゅるちゅる食べさせながら、若かったオカンは「これから頑張らなあかん」と決心したのかもしれません。〝一杯のかけそば〟ならぬ、〝一杯のうどん〟です。

そんな大阪城の一杯のうどんから始まって、年月を経て、まさかのリガで夜マクドだったので、私の中では少し不思議な、でもどこか誇らしい気持ちになり、オカン自身も、「今回の旅行で色んな美味しいもんやら珍しいもんを食べたけど、人生って何が起こるかわからんもんやな。こんな人生、想像できへんかったわ」と笑ってました。

実は、当初はバルト三国には行く予定はなかったのですが、結果的に行って良かったと心から思いました。オカンはタリンの旧市街にえらく感激していましたし、リトアニアでは偶然にも日本語を話す現地の方と交流する機会にも恵まれました。あとはYouTubeでも紹介したのですが、同じくリトアニアのシャウレイという街で行った5万個以上の十字架が捧げられているという世界遺産〝十字架の丘〟も圧巻で素晴らしかったです。

ちなみに、バルト三国で忘れられない料理は、真っピンクのビーツの冷製ポタージュスープです。見た目こそどぎつい色で、初見はビックリするのですが、その色からは想像できない優しいお味ですので、ぜひ行かれた際には食べてみてください。

07

ポーランドはショパンの国　旧市街や教会は「もうええわ」

エストニア、ラトビア、リトアニアと旅したバルト三国を後にして、私たちは飛行機でポーランドのワルシャワに向かいました。

ポーランドでの一番の思い出は、〝ショパン〟です。皆様も学校の音楽の授業で一度は耳にしたことがある名前だと思いますが、偉大な作曲家ショパンはポーランドの出身です。そのため、ポーランドのあちらこちらにショパンゆかりのお土産品などが並んでいました。

オカンは保育士だったこともあり、上手ではないのですがピアノを弾くことができます。……って、オカンがピアノ弾けますアピールをすると、「全然上手くないし、弾けるって言わんといて」と必ず言われるのですが。

そんなオカンが定年を迎えるにあたって、定年の2年くらい前から、しつこいくらいに「定年後の趣味を考えとかなあかんで」と言っていたところ、オカンは「ピアノがええかな」と言い、これまで使わずため込んでいた商品券を使って電子ピアノを買い、自宅でもたまに弾くようになったのです。そしてちょうどオカンがショパンの曲を練習していたこともあって、良い刺激になればいいなとも思い、ショパンのピアノコンサートに行くことにしました。

生演奏の合間には、テイスティング程度ではありますが、お酒やジュースのサービスもあり、クラシック音楽を楽しみながらお酒をいただけるなんて、非日常的な感じがする上に、ちょっとインテリで高尚なことをしてるような気分に浸れたりもして、娯楽が少なかった昔の人々もこんな風に音楽に親しんで楽しんでいたのかなと、ショパンが生きた時代に想いを馳せたりしました。

ただ、旅の裏側をお話ししますと、ポーランドに行った頃にはさすがのオカンにも旅の疲れが出てきて、30代の私ですら、ヨーロッパ旅行にありがちな旧市街や教会にもそろそろ見慣れてきてしまっていたのもあって、なんとなく少し旅がダレてきた感じもあったのです。どうしてもヨーロッパの有名な博物館や観光名所などを巡ってい

餃子みたいなポーランドの伝統料理「ピエロギ」。

ると、それはそれで貴重なものですし、日本ではまず見られないような素晴らしいものばかりではあるのですが、広すぎたり、見どころが多すぎたりして、せっかく入場料を払っているにもかかわらず、足の重たさや疲れが先行してしまい、途中から「まだあんの？　もうええで……」と弱気な感じになりがちです。その点では、ピアノコンサートに行くことで、これまでの旅行とはまた違った旅の趣《おもむき》みたいなものを感じられたので、それもかなり良かったのかもしれません。

ところで、海外旅行には水回りのトラブルはつきものですが、今回のヨーロッパ旅行も例外ではありませんでした。私たちがケチって安いホテルに泊まっていたせいもありますが、どれだけ微調整してもシャワーから絶妙な温度のお湯が出せなかったり、水圧が弱かったり、逆に強すぎたり、さらには水はけが悪すぎて排水ができなかったことがありました。あまりにもトラブルがありすぎたので、旅行の最後のほうになるとオカンも慣れてきて、ホテルに着くたびに「さて今回は何があるんでしょうね？」と、楽しむ余裕すら生まれていました。

あるホテルでは、夜にオカンがシャワーを浴びた後に排水されなかったらしく、疲れて爆睡していた私を横目に、オカンは必死にバスタオルを使って排水作業をしたそうです。翌朝私がシャワーを浴びるときにはオカンの努力のおかげで何事もなかったかのように見事に排水されていた訳ですが、オカンから「気ぃつけー」と言われ、お湯を少しずつ出して排水を確認しながらシャワーを浴びました。

ただ、オカンもカナダ滞在を経てからヨーロッパ旅行に出かけたせいもあってか、「海外ってこんなもんやんな」という感じで過ごせていたような気もします。

08

旅のフィナーレは大雨のフランス・パリ まさかのオリンピック開会式にぶち当たる

オカンとのヨーロッパ旅行のフィナーレを飾ったのがフランスのパリです。終始天気に恵まれた今回の旅行だったのですが、フランスに着いた日だけ、見事なまでの土砂降りで、「パリに来てくれてありがとう言うて、空も感激して泣いてくれてはんねんな」とポジティブに考えました。

実は、いざフランスに行こうとしたら、その日がまさにパリオリンピック開会式の当日だということを知り、本当にたまたまだったのですが、「なんでやねん」と予定を組んだ自分に呆れてしまいました。ホテルの予約は取れるだろうか、飛行機には乗れるだろうかと、若干心配もしたのですが、結果的には案外大丈夫で、余裕でパリにも行けて、ホテルも空いていました。むしろ、オリンピックだからと観光客が敬遠していたのか、ホテルに関してもまあまあ良いホテルに手頃な料金で泊まれましたし、いつもは並ばないと入れないようなレストランも珍しくガラ空きで、並ばずにすぐ入れました。

ちなみに、私は旅行中のホテルを宿泊当日に決めます。人気のホテルは別ですが、意外と当日のほうが空いていたり、格安で泊まれたりすることがあります。

当然ながら、たまたまその日にパリに着いただけの私たちはオリンピックのチケットなど持っているはずもなく、開会式を見ることはできなかったのですが、カナダに戻り、パートナーが録画してくれていた開会式の様子を観ながら、オカンと2人で「このとき、同じ雨浴びてたな」「せやな」と、しみじみとパリの思い出に浸りました。

パリ市内はオリンピックということで、道路や駅など至る所が閉鎖されていて、雨だったせいもあるかもしれませんが、凱旋門は人1人いないような状態。オカンと2人で貸切のような感じでバシャバシャ写真を撮りまくりました。

一方で、さすがのオカンも旅の疲れが出たのか、まるでカナダが地元かのように「とりあえずカナダに帰りたいわ。ゆずも待っているしな」と、思わず本音がポロリと出ていました。

オリンピック開会式当日、ガラガラの凱旋門を２人占め。

振り返ってみると、ほとんどの国が1泊滞在という、30代の私でも疲れるようなタイトなスケジュールだったのですが、私の倍くらい生きているオカンはかなり頑張ってくれたと思います。

オカンの性格的には、ろくにホテルの予約もせず、次にどこに行くかもわからないような計画性の無さで、ましてや、日本国内ではなくて、海外をそんな風に旅行するなど想像すらできなかったと思います。そもそもオカンは、自分から旅行に行こうと言うようなタイプの人間ではなく、予定もしっかりと知っておきたい人なので、かなり戸惑った部分はあったかもしれないのですが、今回の旅の間ずっと柔軟についてきてくれました。

そういえば、フランスを旅行中、オカンがずっと「フランスで食べたいのがあんねん。でも思い出せへん。なんやったかな、アレやんアレ！」と言っていたものがありました。そして旅行最終日に、フランスのシャルル・ド・ゴール空港に着き、じゃあカナダに戻るで！というタイミングになって「あっ、思い出した！　ガレットや」と言ったのですが、時すでに遅しとはまさにこのことで「なんで今やねん」と、結局フランスまで来たのに、本場のガレットを食べ損ねて帰るという……おかげでまたフランスに一緒に行く理由ができました。

きっとオカンの頭の中には、定年後にヨーロッパ旅行に行くなどこれっぽっちもなかったと思うのですが、今では旅や飛行機にも少しは慣れて、機内食のオーダーもちゃんと緊張せずに言えるようになりましたし、機内の化粧室に行くタイミングもバッチリわかるようになって、もう通路を塞ぐカートに挟まれることもありません。

言葉が通じない関西人オカンとカナダ人パートナー、救世主ゆず

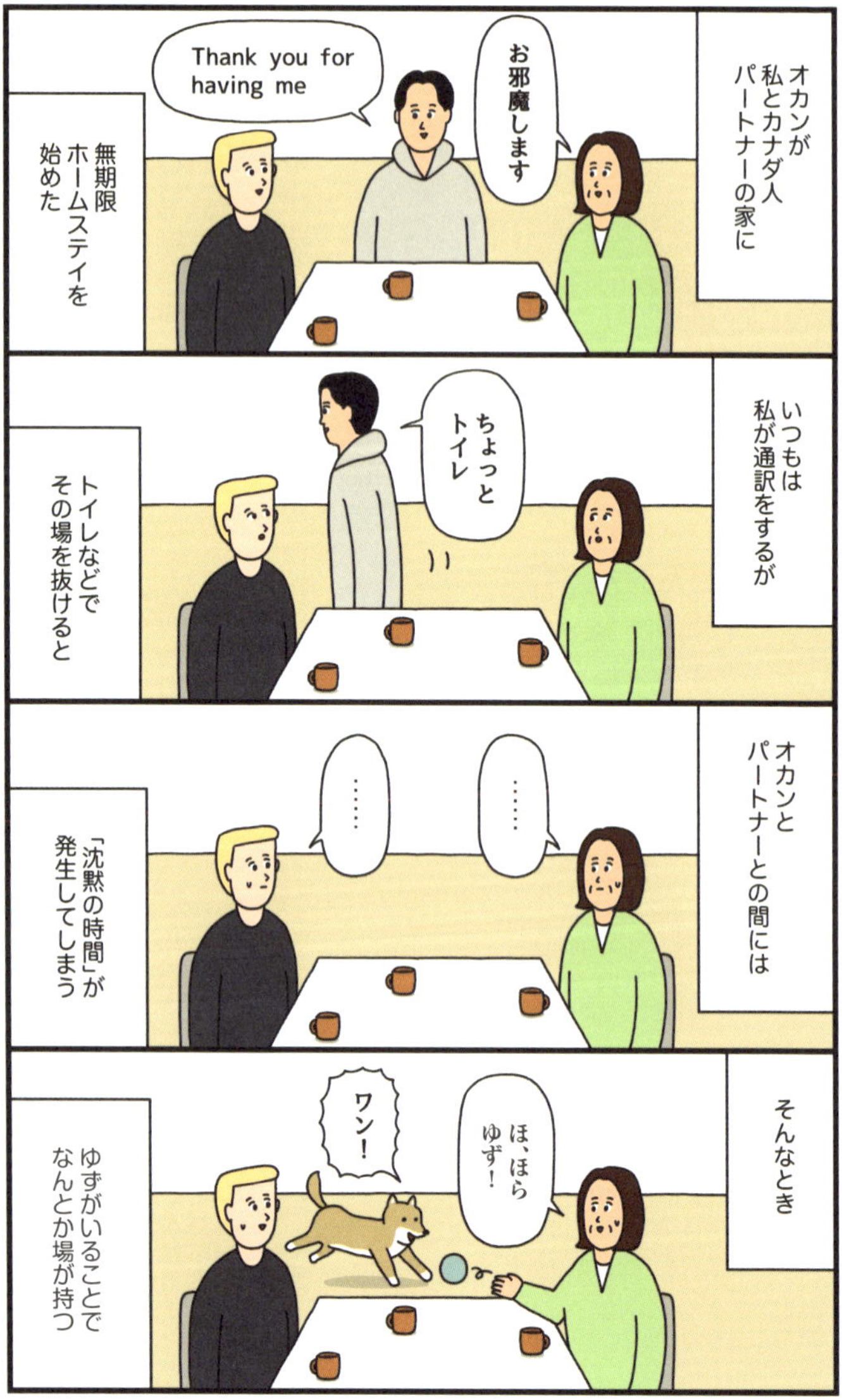

作：せきの

第2章

カナダ人パートナーとの異文化ショック

09

性格が真逆すぎるカナダ人パートナーとの赤裸々な話

パートナーとは、私が学生時代にカナダ留学したときに出会い、かれこれ13年の付き合いになります。

彼は常に自分よりも他人を優先するような優しい性格の持ち主で、私は彼と出会うまで、ここまで温和で物腰の柔らかいカナダ人に出会ったことがなかったので、人として彼のそういう部分に強く惹かれました。彼とは現在、同性婚が合法のカナダでは婚姻関係にあります。

彼と出会った頃は、カナダで目にしたもの全てが新鮮に見えていて、毎日のようにワクワクがあって、まだ英語もそこまで自信がなかった上に、カナダという国のシステムや勝手がよくわかっていなかったので、彼をとても頼もしく感じ、完全に頼りきっていました。

彼は私がそれまで出会ったカナダ人ともかなり違っていたので、それもとても新鮮でしたし、逆に私は、彼がイメージしていた物静かで几帳面な日本人とは違って、ガサツで1人でずっと喋っているような人間でしたので、彼にとってはびっくりしたというか、悪い意味でのギャップがあったのかもしれません。

私が自分の英語力に対してものすごくコンプレックスがあった時期にも、彼はそのことを自分のことのように理解しようとしてくれて、また、私のバックグラウンドである日本の文化にも興味を示して、私に寄り添ってくれました。

私はどうしても感情で動いてしまったり、せっかちだったり、直感的に考えたりしてしまうところがあります。一方で、彼はしっかりとステップを踏んで、着実に乗り越えていこうというロジカルな思考の持ち主で、私とはまるで正反対です。また、彼は私以上に日本人のようなところがあるので、いまだに、たまにどっちが日本人で、どっちがカナダ人なのかわからなくなる……ということもあります。

紅葉を楽しみに叡山電鉄で京都の貴船へ（パートナーとお義母さんを連れて）。

　また、彼はとにかくおっとりとした性格なので、例えば、一緒に東京や大阪などの混雑している繁華街を歩いているとき、私は雑踏の間をズンズンと縫って歩いていくのですが、ふと後ろを見ると、パートナーははるか後ろのほうで人をうまくかわせずに立ち往生しているという状況もよく発生します。おそらく彼の性格もありますし、育った環境がまったく違うということも理由の一つかも知れません。彼はバンクーバーから車で5時間ほどの電車も走っていないような自然がたくさんの小さな田舎町で育ちました。

彼は出会った頃から今まで、おそらく、彼の中ではかなりの妥協をしながら、いつだって私に寄り添ってきてくれました。そして、これからもそうしてくれようとしていて、そんな彼に甘えている一方で、「それで彼は本当に幸せなんやろか？　いつも我慢してくれてるんかな？」と思ったりしてしまうのも事実です。私って人間は、ほんまにワガママやなと自分でもつくづく思います。

時々、休暇でしばらく日本に滞在していたりすると、カナダに戻ることが億劫になったり、「日本にずっといたいなぁ」と思ってしまうこともあったりするのは事実ですが、それでもやっぱりカナダに戻るのは、パートナーとゆずが待ってくれているからという理由の他ありません。彼とは元々の性格が違うということもありますが、まったく違う感性や視点を持ち合わせている人間だからこそ、一緒にいておもしろいし、常に何かを学ばせてもらえているのかもしれません。

実は、今でも会社に提出する重要な英語のレポートなどは、必ず彼に目を通してチェックしてもらったりしていて、いまだに頼りっぱなしの私です。

10

パートナーの家族は貴族!?
家族の価値観って十家族十色

パートナーはお母さんとお姉さんとの3人家族です。お姉さんは結婚しており、旦那さんと双子の子どもたちと暮らしていて、お母さんは1人暮らしをしています。

現在は、私にとって彼らは義家族になりますが、彼と交際を始めてすぐの頃から会っていました。最初はかなり緊張したのですが、彼の家族は彼のセクシャリティをすでに理解していて、私に対しても特別な感じはまったくなく、ごく自然に迎え入れてくれました。

彼のお母さん（私のお義母さん）は元々はイギリスからの移民です。大阪の下町出身で人との距離が近かった私からすると、彼の家族は、家族であっても個人のテリトリーがちゃんとある感じで、お互いを詮索したりしないですし、干渉したりもせず、しっかり線引きをしている印象です。

会話をしていても直球で本音を伝えるということはまずなくて、例えば、誰かが「これ買おうと思うんやけど」と言っても、「それ、なんぼすんの?」とか「高いけど、ほんまにいるんか?」など、思ったことをストレートに伝えるということはなく、相手の話をきいてから、それに対して自身が思うことを相手を尊重しながら話すという感じです。

夕食のときも、各々が喋りたいことをベラベラ話すうちの大阪の家族とは違って、静かな食卓で、私からするとスピーチのような感じで1人ずつ話しながら一つ一つのトピックを回すので、そんな家族の姿を見て、初めは「なんや、貴族みたいやん」と思っていました。さすがに今は彼の家族とも付き合いが長くなり、お互いのこともわかってきたので、私の中での貴族感は薄れ、彼らにもとても人間味を感じています。

彼の家族とうちの家族とでは家族の価値観そのものが違う感じです。会話のアプローチの仕方が根本的に違うことに加えて、彼の家族は家族皆が寡黙で気を遣いあうような人たちなので、思ったことをすぐ口に出すような私からしたら「家族やねんから本音で言ったらええやん」と思うことがよくあります。

かれこれ出会って13年。性格は違えど理解し合っています。

私は家族だからこそ気を遣わずに、ときには傷つくかもしれない内容でも、物事をハッキリ言って伝えます。例えばですが、前日にニンニクが効いた料理を食べていて、その匂いがすごいときなど、「なんかニンニク臭いで？　職場で臭いと思われる前にブレスケア飲み！」とオブラートに包まず言ってしまったり……。一方で、彼は家族には気を遣って言いません。彼の中では、家族だからこそ尊重しなければいけないし、親兄弟にネガティブなことや鋭い言葉や傷つけるような言葉を言う必要はないという考えなのです。そんな彼なので、ハッキリと言う私の言葉や物の言い方がかなりキツく感じることもあるようで、「なんでそんなこと言うん？　なんで傷つけること言うん？」と言われることも多く、よく1人で反省しています。

彼のお母さんは、私の誕生日には毎年必ずメッセージやプレゼントをくれるような優しい人です。彼の家族はそんな風に気を遣う優しい人たちばかりなので、何でもズバズバ言ってしまうような私でも、彼らを変に傷つけないよう私なりに気を遣っています。また、さすがに彼の家族には思ったことや本音をすぐ口に出すのではなく、よく考えて話すようにしていて、こんな私ですが、出会った当初よりかは少し上手にオブラートに包めるようになったつもりでいます（〝つもり〟ですが……）。

11

私たち、コロナ禍に結婚しました！

パートナーとは出会ってから13年で、籍を入れてからは4年になります。

カナダではカップル（異性同性問わず）は、国を問わず同じ住所に1年以上住むと、自動的にコモンローという事実婚の関係になれます。

私は学生時代のカナダ留学中に彼と出会い、そして私の帰国に伴って、今度は彼がワーキングホリデービザで日本へ来て、京都で一緒に暮らし始めました。私は誰かと家を借りて暮らすことが初めてだったのですが、あっという間に1年が過ぎ、そして私たちはコモンローパートナーになったのです。同時に、私はカナダの永住権を取得しました。

カナダでは、同性カップルや同性婚に対して特別な感じはまったくありません。特に、私が所属しているエアライン業界は同性カップルがかなり多いので、私も特に何も気にすることなく生活している感じです。

ただ、日本に帰ってくるといまだに「嫁はんはまだか？」「奥さんは白人かい？金髪のブロンドかい？」など、そういう質問をしてくるオッチャンがいたりして、カナダではセクシャリティにかかわるような質問をされることがまずないので、日本できかれて、逆に気づかされるといいますか、「まだまだ自分たちは特殊なんやな」と痛感させられたりもします。

そんな私がなぜ結婚を決意したかといいますと、コロナ禍で世界中が混沌としていた中、私を取り巻く環境の変化や、それに伴う私自身の考えの変化が影響しています。

コロナ禍では日本とカナダの行き来が大変難しくなりました。あんなに頻繁に帰っていた大好きな大阪が突如として遠い場所となり、大好きな人たちにも気軽に会えなくなってしまい、自分の国なのに帰れない悲しみや、先行きの見えない不安など、人生で初めて感じるような負の感情に押し潰されそうになることがありました。

また、以前から日本人に〝事実婚〟ということを伝えても、なかなか理解してもらえないことが多く、それもあって彼と籍を入れようと決意しました。

新婚旅行こそ行っていませんが、世界中いろんなところへ一緒に行きました。

オカンには電話で「籍を入れようと思うんやけど」と伝えたところ、「もう決めてんやろ。ええんちゃう?」という感じで認めてくれました。

結婚式は特にしていないのですが、彼の実家であるカナダの田舎町のお義母さんの家で、公的な立会人の方に来てもらい、また、自分たちのほうでも立会人をそれぞれ1人ずつ選出して、結婚証明書にサインをしました。まさか自分が結婚するとは思ってもいなかったので、正直、不思議な感じがしました。

私たちの立会人はお義母さんと彼のお姉さんにお願いして、オカンはコロナ禍だったこともあり、カナダに呼ぶことができませんでした。

こうして、カナダでは晴れて結婚をした私たちですが、同性婚の制度がない日本では現在も赤の他人同士です。日本でもいつしか制度が変われば、もしかしたら結婚するかもしれない？　なんて思ったりもしますが、私としては「日本に変わってほしい」とか「日本もカナダと同じようになれば……」などとは特に思いません。私は自分の選んだ環境でできる限り自分らしく生きていけるように努力はしますが、自分の大切な人たちが私や私のパートナーのことを理解してくれるだけで十分幸せに感じるのです。

12

我が家の愛すべきわんぱく坊やゆず 忘れもしないハイウェイ大渋滞事件

カナダの自宅では愛犬のゆずも一緒に暮らしています。柴犬で11歳になるわんぱくな子です。

私は幼い頃から犬が大好きで飼いたかったのですが、オカンも犬が大好きなくせに「わんこが年老いてきて、いつかおらへんくなってしまうことを考えたら辛いから、よお飼わへん」という超ネガティブな理由をずっと言われ続けていたので、結局犬を飼ったことがなく、カナダで暮らすようになってすぐにゆずを迎えました。

ゆずを迎えたキッカケは、私がずっと犬を飼いたかったのもありますが、当時、カナダにあまり知り合いや友だちがいなくて寂しかったのもありますし、また、ホームシックといいますか、日本がとても恋しかったこともあって、どうしても日本犬の柴犬を飼いたかったのです。

ゆずのこれまでの人生ならぬ、犬生で最大のハプニングといえば、カナダのハイウェイを止めたことです。10年近く経った今も鮮明に覚えているくらい、かなり強烈な出来事でした。

それは、ゆずが2歳くらいのときのことなのですが、それまでハーネスを使っていたゆずが成長し、首輪に変えたばかりの頃に起こりました。

ある日、いつもの散歩コースにあったハイウェイの出口付近にある橋を渡ろうとしたときのこと、その日はゆずが橋の前でピクりとも動かなくなってしまったのです。ゆずは水を怖がる性格なので、おそらく橋の下を流れていた川の水が怖かったのかもしれません。そして、ガンとして動かないゆずを私が無理やり引っ張ろうとしたら、その拍子で新調したばかりの首輪が抜けてしまい、ゆずが勢いよく走り去ってしまったのです。完全に私の不注意です。

かなり車通りが多いところだったので、気が気ではなかったのですが、道路を走り回るゆずのために次々と車が停車し始め、挙げ句の果てには大渋滞になり、大変な事態になってしまいました。車を止めてしまっている申し訳なさと、ゆずに何かあった

車とドライブが大好きなゆずとの日常。

ら……という不安とで、私は大パニック。

ゆずは戻って来ないし、車は渋滞しているし、私ももうどうしたものかと頭を抱えていたのですが、トラックを運転していたイカつめのオッチャンがゆずを捕まえて連れてきてくれて事なきを得ました。

私は謝罪とお礼を言い、とにかく1秒でも早くその場から立ち去りたかったので、ゆずを抱きかかえて、渋滞した車の横を足早に歩き始めました。まだ車は渋滞していて、ヤジも飛んでくるし、私にとっては犬を飼うことが初めてだったこともあり、このハプニングは忘れることのできない、苦い経験となりました。

このハイウェイ事件以上の大きなハプニングはおかげさまで起きていないのですが、ゆず絡みの日常的な小さな珍事はたくさんあります。

一度オカンと伯母がカナダに遊びに来たときにも事件がありまして、ただ、これに関しては伯母の責任なのですが、伯母がゆずを甘やかしすぎて、色々なものを食べさせてしまい、ゆずが夜中に下痢をしてしまったのです。

そのとき、ゆずはリビングにあるケージで寝ていて、同じ部屋のソファベッドでオカンと伯母も寝ていたのですが、夜中にぷ～んと漂ってきた激臭によって、２人は飛び起きたようでした。ゆずは大事には至りませんでしたが、伯母はかなり反省していました。

こんなゆずですが、とにかく人が大好きで、誰のところにでも行ってしまうような、とても社交的な犬です。きっと自分は人間（おっさん）だと思っているに違いないと、私は思っています。

13

食育のない カナダ人の普段の食事
私と出会って変わったパートナーの食生活

よく日本の方から、「カナダ料理ってどんなものがあるんですか?」ときかれると、「えーっと……」と回答につまるくらい、「カナダの名物料理はこれやで!」と言えるようなものがなかなか出てきません。

一番有名なものでいうと、〝プーティン〟というケベック州生まれのフライドポテトでしょうか。グレイビーソースとチーズをかけた料理で、カナダのファストフード店や、学校や職場のカフェテリアなどにもあり、カジュアルに色々な場所で食べられる国民食です。

カナダの元首相ジョー・クラークが「カナダには料理の中でも最高の料理がある。それは様々な料理をごった煮にしたのではなく、寄せ集めたものである」と言ったのは有名な話で、まさにそうなのです。

カナダの歴史は約150年とまだ浅く、移民が多い国なので、色んな国の料理を楽しむことができるのがカナダの食の楽しみであり、魅力の一つかもしれません。しかも、そのどれもがカナダ人に寄せた味にはなっておらず、現地の人々が食べているものと変わらない、オリジナルの味が楽しめるのです。私もカナダに来てからは日常的に中南米料理など世界中の料理を楽しむようになり、それがカナダ生活の楽しみの一つでもあります。


では、パートナーのようなカナダの白人家庭では、普段は何を食べているのか？

初めて彼と出会った頃は、その食生活にかなり驚きました。なぜなら、彼は夕食にリンゴをかじって、チーズとクラッカーをつまんで、終了！みたいな感じだったからです。しかもたまにではなく、そんなのが毎日です。ここまで極端なのは特殊かもしれませんが、日本の一般的な夕ご飯と比べると結構、質素なことが多い気がします。

彼らが行くようなレストランは値段も高めだったりするので、日本のファミレスのように普段使いするような気軽さはありません。レストランは家族や友人との集まり

大好きなギリシャ料理屋さん。バンクーバーは多国籍な料理が充実しています。

やお祝いに利用するくらいで、普段は本当に質素な食生活を送っているイメージです。

また、カナダでは、料理用の包丁がまともに揃っていないような家庭も多く、だいたいは小さなフルーツナイフでパパっと切って料理したりします。例えば彼のお姉さんも、子どもたちにフルーツナイフで簡単にフルーツや野菜を切って皿に乗せて食べさせるということもよくあって、煮たり、蒸したりという工程はあまり見かけません（ただしオーブン調理は別です。オーブンの使用頻度は日本より高いと思います）。これが私のイメージする一般的なカナダ人の食文化です（と言っても色々な国からの移民で構成されているカナダなので、一概に言うことはもちろんできませんが）。

ただ、ゲストがいるときはまた別で、お義母さんも私たちが訪ねたときはミートボールパスタやキッシュなどの手のこんだ料理を振る舞ってくれました。

カナダでは食パンもよく食べますが、もっちりとした厚切りではなく、薄切りのパンをトーストにして、カリカリにして食べる感じです。そんな訳で、お義母さんが日本に来たときはコメダ珈琲店にどハマりして、「日本のトーストは分厚くて、もっちりしていて最高やん！」と感激していました。

こんな感じで、日本のような食育という概念があまりないカナダで育った彼だったのですが、私との出会いや日本で生活した経験を通して食への意識が少しずつ変わっていきました。

それまでの彼にとって、〝食事＝お腹を満たすもの〟くらいの感覚だったと思うのですが今では、食べるまでにこんな下準備があって、この料理にはこんな背景や歴史があって、食にはプレゼンテーションがあって見て楽しんだりできるものだという感覚に変わってきたような気がします。

旅行先でも、昔は私が彼に「ここに来たらこれを食べなあかん」みたいなことを言っていたのですが、今では私よりも楽しんでいる様子で、彼のほうから「ここでは何が有名なん？」ときいてきたりします。

彼は日本のサービスエリアやデパ地下の銘菓売り場なども大好きです。なぜかといいますと、広大な国土を有し気候や風土なども様々なカナダですが、意外にも日本にあるような名産品やその気候や風土から生まれた料理、いわゆるご当地メニューも特にないので、各地の名産品や美味しいものがたくさん集まる日本のデパ地下は、彼にとってとても興味深い場所のようなのです。

日本は国内でもちょっと出かければ色んな郷土料理がたくさんあって、それが旅の楽しみだったりします。また、季節ごとの料理など、食べることに意味があるような料理もあります。

昔の彼は日本の料理が苦手で、回転寿司に行ってもハンバーグ寿司やかっぱ巻きしか食べられなかったのですが、今では色んなものを美味しく食べてくれるようになりました。また、日本のお正月料理や季節の料理などを食べる際には、「これにはどんな意味があるん?」「これを食べると家族が幸せになるんやろ?」ときいてきたり、お正月のお雑煮に関しても、地域によって様々なスタイルがあるということにすごく興味を持ってくれています。

カナダの自宅での食事も今は圧倒的に日本食が多く、私が肉じゃがや豚汁のような日本の家庭料理を作って一緒に楽しんでいます。ちなみに、彼が作るのは決まってピザ（市販のピザ生地に好きなものをトッピング）、タイカレー、パスタのどれか。我が家は、この3本柱でやらせてもらっています。

14

ここがへんだよカナダ人
カナダ生活はなかなか退屈

カナダは移民で成り立っている国ということもあり、個性をとても大切にする国です。そんな訳で、良い意味でも悪い意味でも、カナダ人ってこうやで！という特徴が日本人ほど顕著ではないかもしれません。

例えば日本人の場合ですと、勤勉とか、静かとか、我慢強いとか、大まかにこんな感じと言えるようなものがあると思うのですが、カナダ人にはそれがないような気がします。ただアメリカ人と比べることや比べられることは多いようで、そのときによく言われているのは、カナダ人は「Sorry」をよく言う、田舎者気質でのんびりな人が多い、礼儀正しいなど、「アメリカ人とは違う」ということがアイデンティティになっているのもおもしろいところです。

では、カナダ社会ではどんな人がもてはやされるかと言いますと、仕事をキッチリするかどうかよりも、自分のセールスポイントを上手く出せる人が成功しているイメージがあります（それは世界中どこも同じかもしれませんが……）。さらには、ジョークなどのユーモアセンスがあったり、フランクで人当たりのいい人が出世をしていたり、うまく世の中を渡っているイメージが強いです。

また、会社員の場合も、会社の一員という感覚は希薄な印象で、日本の会社のような社員同士の精神的な結びつきは少ないかもしれません。とにかく個人が尊重される国なので、会社に属しながらも、それぞれが自分の特徴をうまく活かして働いていますし、もちろんハラスメントなどがあれば1発でアウトとなります。

カナダ人についてお話したので、彼らの娯楽についてもちょっとお話させていただきます。カナダは雄大な大自然のイメージが強いので、夏にはアウトドアを気軽に楽しんでいるようなご想像をどうしてもされるかもしれないのですが、実際は、カナダは山火事が多いこともあってキャンプ場の利用規約が厳しく、勝手に火を使ってはダメだったり、予約も数ヶ月前から常にいっぱいだったりするので、そう簡単には行けないというのが現実です。

カナダ・バンクーバーでののどかな暮らし。悪く言えば、退屈!?

さらには、冬に荘厳な雪山でスキーを楽しむこともできるにはできるのですが、現実問題としてリフト代や、周辺のレストランがかなり高めだったりするので、カナダ人家族がスキーをしに行くとなると、かなりの予算をかけた一大イベントになってしまいます。

そんなカナダ人の娯楽というと、意外かもしれませんが、最近だとネットフリックスなどで映画を観たり、家やバーでスポーツ観戦したり、庭でバーベキューしたりすることが多いように感じます。

テレビ番組も、スポーツ中継か

ニュースか芸能ゴシップ、リアリティショーが中心で、テレビっ子の私としては、少し退屈に感じることもしばしばです。日本の夕方にやっているようなローカル色の強い情報番組もカナダでは見かけないですし、トークショーみたいなものはありますが、日本のワイドショーのように俳優、お笑い芸人、学者、モデルなどをコメンテーターとして集めて番組に出すようなものも私の知っている限りはありません。

ただ、スポーツ観戦だけは大人気の大衆娯楽で、特にアイスホッケーの人気は凄まじく、ヨーロッパのサッカー人気が凄いように、カナダにはアイスホッケーの熱狂的なファンが多くいます。バンクーバーでは試合後に地元チームが負けたことがきっかけで暴動が起きたこともあり、熱量の高さがうかがえます。私も観戦しに行ったことがあるのですが、ホッケーで使うパック（野球でいうボール）が小さすぎて全然見えず、「みんな絶対に肉眼では見えてへんやろ」と思いながら観戦していました。

15

カナダ人お義母さんが日本にやってきた！薄いリアクションに空回りしまくった私

先日、お義母さんが2週間ほど日本にやってきました。ちょうど彼が休暇を利用して私と一緒に大阪に滞在していたので呼び寄せたのです。お義母さんは当初スペインに行くつもりだったのですが、全ての予定を変更して来てくれました。お義母さんにとっては2度目の来日です。前回は十数年前で、当時はお義母さんと私の関係もそれほど深くなかったので、今回はもっと色々と楽しんでもらいたいと考えていました。

まず、東京でお義母さんと彼と私の3人で合流し、お義母さんは初の東京観光、そしてそこから飛行機ではなく、私がぜひとも乗ってほしかった日本の誇り・新幹線で大阪に向かいました。が、新幹線に乗ったお義母さんのリアクションは想像よりもかなり〝薄っ！〟かったです。彼女の性格を知っているので、オーバーリアクションは期待していませんでしたが、私が想像していたような、新幹線に感激するお義母さんの姿はそこにはなく、新幹線とのツーショットや車内の雰囲気にもそこまで興味はなかったようで、私は心の中で「新幹線やで！　速いやろ？　速いのに全然揺れへんやろ？　すごいやろ？」と相当な圧で思っていたのですが、お義母さんはどこにでもある通勤電車に乗っているかのような様子。「わざわざ新幹線にしたんやけどなあ……」なんて、これまた自分勝手なことを思った私でした。

しかし、この一件によって、「お義母さんのポイントで好きに見てもらえばええやん」ということに気づき、ラクになりました。そして結果的に、お義母さんは日本滞在をすごく楽しんで、特に大阪から遠出して行った飛騨高山をとても気に入ったようで、「ここで暮らせるわ」とまで言っていました。ここにも観光客はたくさんいましたが、東京の比ではないので、その対比が良かったのかもしれません。「東京はもっと若い頃に来て楽しみたかったわ」と言っていたのが印象的でした。

お義母さんに楽しんでほしい一心で色々と張り切ってアテンドしていた私でしたが、結局は全て自分本位になっていたことに気づき、とても恥ずかしく感じ、反省もしました。よくテレビなどで見かける、「日本のあれが良かった！　すごかった！」とい

来日したお義母さんを毎日どこかへ連れ回しました。
写真は私の大好きな京都の青蓮院門跡で。

う外国人観光客の街頭インタビューと同じような反応を心のどこかでお義母さんに期待してしまっていたのかもしれません。

食事に関しても、最初は「日本でしか食べられない本格的な日本食をぜひ食べてほしい！」と張り切っていた私ですが、最終的には「コメダ珈琲店やコンビニの商品でもいいんや」と気づきました。考えてみたら、それらはカナダにはないものですし、日本はなんでもクオリティが高いので、本格的な日本食にこだわる必要はなかったようです。

お義母さん自身も、豪華な料理よりも質素なものを好み、特にコンビニのアップルデニッシュとメロンパンをとても気に入っていました。他にも、ストローつきドリンクを珍しがったり、皆が無人のセルフレジでピッ！っと支払いをすることに驚いたりと、コンビニだけで十分楽しんでいたのです。

自分の国だからこそ、張り切りすぎて空回りしてしまったことを痛感しました。「日本はこうやで！　これ食べて！　これ見て！」と押し売りされたら、しんどいよなと気づきましたし、自分も別の国のあれこれを押し付けられたら面倒くさいと思います。これぞ日本！みたいなものを見せようと頑張っていましたが、そうじゃなくてもいいのだと思い知らされました。

飛騨高山での滞在中、私が日本酒を好きだということを知ったお義母さんは、内緒で徳利を買ってくれていたようで、日本滞在最後の日に伊丹空港まで見送りに行ったとき、サプライズでプレゼントしてくれました。全てが報われたような気がしました。

16

難しすぎる日本
説明書きのないルールに困惑するカナダ人親子

お義母さんを案内しながら「日本って難しい国やなぁ」と、改めて思いました。外国人の目線で日本を見ると、日本は文字になっていない暗黙のルールがたくさん存在することに気づきます。例えば、天ぷら定食を頼んだとして、お盆の上には天つゆ、それに抹茶塩も、その横にはお刺身用のお醤油やお吸い物もあったりして、どれに何をディップしたらいいのやら……と、初めてそれを目にする外国人にはちんぷんかんぷんなことばかりです。

お義母さんとひつまぶしを食べたときもそうでした。うなぎを食べたことがないというので注文したのですが、お義母さんは取り分ける前のひつまぶしに出汁をかけようとしていたので、「ちゃうちゃう」と言って食べ方の説明をしたのですが、完璧主義のお義母さんなので、気後れして余計に食べづらくなってしまったようで、終いには「この食べ方がええわ」と、出汁を使わずにそのまま食べていました。「そんなんひつまぶしちゃうやん。うな丼やん」と思いましたが、お義母さんをさらに混乱させてしまうと思い、「好きに食べさせてあげよう」と見守るだけにしました。

あまりにもこういうことが多いので、私としてもいちいち「こうやで」と口出しするのは気が引けたのですが、やっぱり間違っているところを見ると、つい「ちゃうちゃう」が出てしまうのです。

お義母さん、彼、私の3人にオカンを含めた4人で伊勢の温泉旅館に泊まりに行ったときも、日本のルールが盛り沢山で、お義母さんにとっては〝絶対に間違ってはいけない温泉宿〟みたいな感じだったと思います。

お義母さんにとっては初めての温泉だったので、事前に「お風呂は無理せんでええよ」と伝えていたのですが、お義母さんも腹を括《くく》っていたのか、オカンと一緒に大浴場まで入りに行きました（これには私も彼もびっくりしました）。

お風呂の入り方について、入浴前に掛け湯をするとか、お湯にタオルを入れちゃいけないとか、オカンがジェスチャーで色々教えたらしいのですが、そもそもカナダで

お義母さんを連れて行った下呂温泉。寝起きで寝ぐせのまま浴衣で朝散歩。

はシャワーは立って浴びるのが普通ですし、熱いお湯に入る習慣もないので、お義母さんにとってはなかなか大変な時間だったと思います。オカン曰く、「気づいたら先に上がってはったわ。5分も浸かってへんかったんちゃうかな？」とのことでした。お義母さんに感想を聞くと「気持ちよかったわ」と言っていました。気を遣ってくれたのかもしれませんが、とりあえず安心しました。

そんなお義母さんは、お風呂から出た後にせっかく着て行った浴衣ではなく、もともと着ていた洋服に着替え直していました。浴衣はバスローブのような感覚だったらしく、皆が浴衣姿で夕食会場に行こうとしたら、「え？　それ着て行かなあかんの？」みたいな感じになり、「ラクだからこれ着て行く人が多いで」と教えたら、「じゃあ、私も着替えるわ」と、再び浴衣に着替えて食事に行きました（くつろぐための浴衣がドレスコードみたいになっていました）。たしかに、浴衣に慣れていないと、逆にリラックスできないのかもしれません。

靴のルールにもかなり戸惑うようです。ここでは脱ぐけど、ここでは脱がないといった暗黙のルールがあるからです。

例えば、旅館などで土間と廊下の間に1段の板の式台があったりします。日本人であれば、そこは靴では上がらず、必ず靴を土間で脱いでから式台に上がることを知っているのですが、外国人の場合はそれを知らずに、式台の上で靴を脱いでしまう事態が起こりうるのです。他にも、家の中でスリッパを履いて歩くけれど、畳敷きの部屋に入るときは脱ぐなど、改めて考えると日本はとても特殊です。来日当初の彼も「足関係は怖い」と言っていたことがあって、日本人がするのを見様見真似《みようみまね》でしていたようです。

伯母

これは 伯母とオカンと パートナーの4人で 東南アジアへ 行ったときのこと
伯母は まだかな?
お待たせ〜
えっ!?
待った?
ズボン、ピンクすぎへん!?
こんな派手な人 おらんで!
周り見てみ!
そうか? 海外では普通やろ?
普通じゃ ないわ!
みんなで 伯母の服装を イジっていたのだが
タイの空港に 着くと
ほら、見てみ みんな着てるやん
おるんかい!!

作：せきの

第 3 章

国際線外資系ＣＡのリアリティ

17

ＣＡの旅行には欠かせない！
秘密のチケットと長期休暇のカラクリ

「なんでそんなに色んな国に旅行に行けるの？」「なんでそんなに休みが取れるの？」という疑問をお持ちの方もいらっしゃると思います。これは紛れもなくＣＡという職業のおかげで、これによってオカンやパートナーと気軽にあちらこちらに旅行に行けているのです。

まず、会社によって各種条件は異なるものの、基本的にＣＡは大幅に割引の効いた料金で飛行機を利用することができます。エアライン業界ではこの割引料金のチケットを〝スタンバイチケット〟や〝スタッフチケット〟などと呼んでいるのですが、これは航空会社の福利厚生の一つで、自社便に限らず、世界各国で提携している航空会社の飛行機を利用することができます。そんな訳で、少しいやらしく聞こえるかもしれませんが、CAにとって飛行機はタクシーのような感覚もあり、実際に飛行機を利用して通勤しているCAもたくさんいます。

ただし、このチケットは空席がなければ乗ることはできません。当然のことながら、正規料金で航空券を購入されたお客様が優先となるので、スタンバイチケット組は搭乗ゲートで待機します。もし空席がなければ、他の時間の便に振り替えて同じように待つか、別の行き先にするか、渡航そのものを諦めるかになります。

私がよく〝空席待ち旅〟とYouTube動画などで言っているのはこのためで、たまに「行き先が未定です」と言っているのも、空席がより多そうな便をギリギリで選択しているためです。ちなみに、ある程度のブッキング情報は会社ホームページの従業員専用ページで確認することができます。

そして、会社にもよりますが、社員の親、配偶者、子どもなど、親等が近い家族もスタンバイチケットを利用できる場合が多いため、オカンや彼も一緒に利用できているのです。ただ、同伴者がいても座席が離れることもよくあります。

こんな風に、乗れるか乗れないかという狭間で毎回ストレスフルな状態になるので

乗務で長期不在にする前は、毎回ゆずとのお別れに泣きそうになります。

す。そういう訳もありまして、乗れない場合を想定し、機内持ち込み可能なガラガラと小さな手荷物だけという最小限の荷物で旅行することが鉄則になります。そのため、お土産もかさばらないものを選んで買うのが必然となり、私が旅先でマグネットを買っているのには、そんな理由もあります。

そういえば、カナダのお義母さんはスタンバイチケットでもないのに小さいガラガラ1個で日本にやってきた強者です。孫へのお土産以外は、日本に行ったという

〝しるし〟程度のものだけ買って帰っていきました。

次に、CAがなぜこんなに休みが多いのか？　ということですが、私の勤めている航空会社には大きく分けて3つほど休暇を取る方法があります。

まずは、日本の会社と同じような有給休暇の制度です。日数は年間何日と決められていて、日本では、まだまだ有休が取りづらい……なんて話も耳にしますが、カナダなど北米では〝休暇は労働者の権利〟という認識が強いので、私の会社（他部署はわかりませんが）の場合、その年の有休は必ず年内に消化しなければいけません。毎年秋頃に、翌年分の休暇の希望月日を申請する必要があります。こちらはシニオリティという勤続年数の長いクルーからリクエストが通るようになっているので、申請通りになる場合もありますし、まったく希望していない時期に休暇が割り振られたりすることもあります。

加えて、無給休暇もあります。これによって、会社に申請すれば、籍を残したまま休むことができます。私の会社では、この休暇を利用して大学や専門学校などに通う人もいます。さらに、海外で暮らしたり、私のように母国に一時帰国するクルーもいます。

最後が、フライトを寄せ集めて働いて、長めの休みを作るという方法です。

ＣＡは毎日定時で出勤する訳ではないため、労働時間は月によって変動しますが、基本的には月に80時間のフライトタイムと定められています。お給料はそのフライトタイムで支払われるのですが、フライトタイムが短い国内線ですと、拘束時間のわりにはあまり稼げません。国際線の長距離路線に乗務すると、一度の往復便の乗務だけでかなり稼げるのです。

ＣＡの働き方も人によって様々です。例えば、休みは少ないけれど、体への負担が少ない短距離路線をちょこちょこ飛んでフライトタイムを稼ぐ人もいますし、できるだけ長距離路線を飛んでフライトタイムを一気に稼いで、その分休みをたくさん取ろうという人もいます。

また、希望フライトを会社に申請できたり、ＣＡ同士でフライトを交換することもできるため、ある程度スケジュールを自分で組み立てることも可能です。月の前半にギュッとフライトを詰め込んで、後半は休むということができたりします。

ただし、休暇やフライト希望の申請は、勤務年数が長くなればなるほど優先されるので、新人の頃は人気の路線などを希望したところで通らないこともよくあります。

それから、フライト後には必ず何日間休まなければいけないという決まりもあるので、休みなくフライトを入れることはできません。こうした制度や方法を駆使することで、ペーペーCAの私でも年に何度も日本に長期滞在することができています。

18

仕事に対する気持ちの変化
CA10年で見えたものとは？

私は大阪の下町で、母子家庭で育ちました（だから何やねん！って話なのですが）。下町特有の人と人との距離が近く割とガチャガチャとした感じの世界でした。学生の頃はそれが嫌だなと思う時期も正直ありましたが、今は1周も2周も回って、自分の生まれ育った大阪がもちろん大大大好きですよ！

そのせいかわかりませんが、私の中でCAになるような人は、育ちが良くて、上品で、容姿端麗なイメージがあり、キラキラとした人しかなれないような感じがしていました。そして、私はそんな非日常感のある世界に憧れてCAになりました（この紆余曲折については前著でも詳しく書かせていただきました）。

1社目は日系のLCCでしたが、自分なりにCAらしさというものを追求しながら働いていました。たとえば、国際線に乗務した際に、海外のお客様へ英語を使ってご案内をしているときなどは、「やっとCAになれた！」と実感でき、そのやりがいを噛みしめていました。

その後、カナダの今の航空会社へ移り、時間の流れとともに、「CA＝仕事」と割り切れるようになってきました。よく聞く言葉かもしれませんが、CAは決して華やかな仕事ではありません。生意気なことを言うようですが、キラキラとした表面の部分がとれて、仕事の本質が見えたような感覚がありました。

憧れてCAになりましたが、いつからかそれが完全に日常になったのです。今は仕事にも慣れ、昔のようなワクワクやドキドキが少し減ってしまったのは事実です。ただ、今も変わらずやりがいを持って乗務をしています。

ただの憧れから、10年飛んでやっとここまで来たという感じです（生意気を言ってすみません）。

CAは色んな場所に行けて、休みも取れて、とても恵まれた仕事だと思います。もちろん辛いことや大変なことはありますが、とても楽しいです。会社での在籍期間が

海外にはまったく縁のなかった4歳頃の私、
夢の職業に就いてもこんな葛藤を抱えるとは思いもしませんでした。

長くなればなるほどシニオリティが上がるので、働く上での特権も増え、さらに居心地がよくなります。1年に一度あるCA資格訓練さえクリアすればずっと続けられるので素晴らしい職業だと思います。そして現に、CAという仕事に誇りを持ち、極めていらっしゃる先輩方もたくさんいます。

この仕事の魅力を全身で感じながらも、CAという仕事に憧れていた十数年前の自分とはまた違った感覚や思いも出てきたりしています。一度きりの人生、後悔はしたくないので、これからもしっかりと将来を見据えて、今自分が興味があることにも向き合っていきたいと思います。

カナダ国内乗務の日の
飛行機が離陸するまでのスケジュール

時間	行動
5：30	起床して出勤の準備
6：30	自宅を出て空港へ
7：45	乗務便のゲート前で待機 クルーとブリーフィング （事前打合せ）
7：55	プリフライトチェック （機内備品や不審物などの点検）
8：05	お客様のご搭乗開始
8：40	ドアクローズ・出発
8：55	離陸

19

日系と外資系エアラインの違い
海外では、お客様は神様じゃない？

私は、プライベートでもよく飛行機を利用するのですが、特に他社便の場合には、サービスや機内の設備や雰囲気など、色々なところに目が行ってしまいがちです。

今でも日系エアラインを利用させていただく場合は、無意識に〝CAレーダー〟みたいなものが発動してしまい、乗務しているクルーの中で誰がパーサーで、どのCAが先輩で後輩かということを探知してしまう自分がいます（読み誤っている可能性も大いにありますが……）。

ただこのレーダーが発動するのは日系やアジア系エアラインに搭乗するときだけで、北米などのエアラインだと一切機能しないのです。私の会社でも、19歳から入社して働いている人もいれば、50歳で転職してくるような人もいるので、見た目や年齢ではまずわかりません。また、比較的上下関係が少ないので、ピリッとした雰囲気などで察知することも不可能です（てか、勝手に探知しようとすな）。

サービス業に従事していると、日本と海外の違いを感じることもよくあります。例えば、日本の飲食店などでは、お客様に対してはものすごい笑顔で接しているのに、スタッフ同士では怖い顔をしていたり、上下関係が厳しかったりすると思うのですが、いかがでしょうか？

おもしろいことにこれが欧米の場合になると、その逆が多いようなのです。スタッフ同士では和やかな雰囲気で、ときたまケラケラ笑ってお喋りしていたりするけれど、お客様にはかなり素っ気ない……みたいな。決してお客様は神様ではないぞという感じ、皆様も海外旅行で経験がありませんか？

私も海外の航空会社で働いているので、日常的に肌で感じていることですが、クルー同士ではファミリーのような雰囲気があります。「大丈夫？」と声を掛けあったり、気を遣ったり、手伝ったりとかなり仲間意識がありますが、お客様との関係性は日本に比べると対等な印象があります。

一方で、日系エアラインのお客様に対するサービスは世界一と呼べるくらいに素晴

せっかくなんで、CAの制服姿も載せておきますね！

らしいものがあります。丁寧さもさることながら、細やかな気配りや気遣いが徹底されていて、利用させていただく度に、頭が下がる思いです。

以前、私が乗務する機内でこんなことがありました。エコノミークラスのお客様が、プレミアムエコノミークラスのシートに用意されている専用のブランケットを無断でお取りになり、ご自身のお席で使おうとされたのです。誰でも自由に使えるものだと思われたのかもしれないのですが、それを見たカナダ人CAがズカズカとお客様のところに駆け寄って行き、「それは盗難と一緒やで。犯罪や」（もちろん実際は関西弁ちゃいますよ）と言ったのです。さすがにそれは言いすぎだろうと、ハラハラしたものです。

また、私の経験上、お客様自身も、外国人のお客様のほうが日本人のお客様よりフランクにCAに接してくださるような印象です。こちらは客なんだからこれくらい許してくれるだろうというような過剰なオーダーも少ないかもしれません。日本はどこに行っても至れり尽くせりといいますか、外国の比ではないくらいサービスも丁寧で素晴らしくて、チップ文化もありません。日本でその恩恵に預かっている私としてはありがたいのですが、一方で、日本人にとってはそんなサービスが当たり前になっているせいか、機内や海外旅行先でも同じように質の高いサービスを求めてしまいがちです。お客様としては期待される対価に見合ったサービスを受けられずにガッカリされてしまうことが多いような気がします。

20

どこにいても生涯プレイヤーでいたい
10年目CAのセカンドキャリア

私がCAになったときに抱いた夢の一つが、〝オカンを自分が乗務する飛行機に乗せる〟ということでした。それも、自分を繋いでくれている日本-カナダのフライトに乗せることが夢でした。

そして、働き始めて9年目にしてついに、自分が乗務する成田-カルガリー便にオカンを乗せることができました。オカンの仕事やコロナの影響などでなかなか実現が叶わず、やっとという感じでした。

オカンは搭乗の段階から手ブレしながらも写真をバシャバシャ撮りまくって、私が機内サービス中にも、隠し撮りかのようにスマホを構えていました。9時間ほどのフライトでしたが、オカンの視線の圧がすごかったこともあり、照れくさいような、誇らしいような、CAとして初めて感じる不思議な気持ちでした。

そして、無事にカナダに着いたときには、達成感が込み上げてきました。完全に私のエゴなのですが、親孝行ができたという気がしたのです。別に仕事を辞めようとは思っていませんでしたが、「これでCAに未練はないな、いつ辞めてもええわ」と思えるくらいの、人生初の、〝やったで！　夢が叶ったで！〟という感じがものすごくありました。

前著でも少し書いたのですが、この〝オカン搭乗〟をキッカケに、私の中で一区切りがつきました。仕事に対してある程度満足した感覚が生まれてきて、ぼんやりとですが、少しずつ次のステージを考えるようになってきました。

考えてみれば、海外に何の縁もない家庭で育ち、英語も大嫌い、洋画や洋楽にもまったく興味のなかった私がカナダでCAになるなど、少年時代の自分には想像すらできませんでした。CAという自分とは縁遠い仕事に憧れて、あれこれしてきたこと

オカンとクルー仲間と一緒に撮れた写真は宝物です。

が、結果的に今の生活に繋がっていることを身をもって感じています。もしこの本を読んでくださっている方の中にCAを目指されている方がいらっしゃったら、「こんな私でもCAになれたんやから、心配せんで大丈夫やで！」と、言わせていただきたいです。

CAになった後のキャリアにもいくつかの種類があります。私のような客室乗務員、いわゆるプレイヤーとして生涯飛び続ける生き方もありますし、パーサーや、場合によっては地上でチームを統括するようなマネージャーとなって、マネージメントをするという生き方もあります。また、会社によってはグラウンドスタッフやオフィス勤務に転向できたり、CAを養成するための教官になる道もあります。もちろん、まったくの異業種に転職する道もあります。

私の場合は、お客様と接するのが大好きなので、マネージメントなどの道は一度も考えたことがありません（そもそもその素養もないと思います）。もしかしたら、日系エアラインだったならば考えた可能性もありますが、現在の会社で多様なカナダ人CAたちをまとめることなど、とてもじゃないですが今の私には到底無理だと思いますし、同僚にあれこれ指示を出してまとめあげるのは、本来私がしたいことではないと自覚しています。彼らをまとめることを考えるだけで疲弊してしまいそうです。

プレイヤーか？　マネージャーか？という選択は、CA以外の仕事にも通じることだと思います。きっと皆様の中でも、今まさに悩まれていたり、選択に迫られている方もいらっしゃるかもしれません。私の場合は、出世してマネージメントをするよりは、プレイヤーとしてお客様と直に接して働けることに喜びややりがいを感じるので、ＣＡを続ける限りはずっとプレイヤーでいたいと思っています。

ＣＡとして働いてきた10年間、本当に色々なことがありました。なかでも特にしんどかったのは、自分の英語力に常に自信がなかったこと、英語のアクセントを指摘されたこと、コロナ禍の人種差別、そして、前著で書かせていただいたパニック障害のときです。ですが、これらを乗り越えてやってこられているのは、ひとえに人が大好きだからなのでしょう。

普段のお客様とのやり取りでも、ちょっとしたミスや行き違いがあったりすると「もうこの仕事イヤやわ」と思ったりします。でも、結局お客様の「ありがとう」の一言で気持ちを一気に上向きにしてもらえたりするのです。行きがとてつもなく大変で辛いフライトでも、帰りの便は一転、すごく楽しかった!なんてこともよくあります。また、同僚との人間関係にしても、フライトの度にメンバーが変わるので、毎回新鮮な気持ちで働くことができます。

だからこそ、どんなにしんどいことがあってもポジティブに業務に向き合うことができていますし、自分はこの仕事が好きなんだなという結論にたどり着きます。
もしこの先、人生の次の新しいステージに進んだとしても、私はずっとプレイヤーとして生きていきたいと思うのです。

はじめて国際線の飛行機に乗って
そのキラキラした雰囲気に憧れた当時の私。

約30年ほどの時を経て、夢が叶いました。

オカンはリアクション芸人!?

作：せきの

第4章

なにわ下町の凸凹家族

21

家族イチバンのエンターテイナー伯母がいるところに笑いの神あり！

ＹｏｕＴｕｂｅにも度々登場する伯母（オカンの5歳上の姉）は、彼女だけで1冊本が書けるんちゃうか?というくらいのエピソードの持ち主です。ちなみに、友人たちからは〝ゴン〟という愛称で呼ばれています。

オカンと伯母は姉妹ですがかなり性格が違います。根っからの関西人気質の伯母は、家族の中でも一番のエンターテイナーで、体を張って笑いをとろうとするところは、甥の私ですら一目置いている存在です。

伯母は、私とオカンにとって今となっては唯一の肉親で、大阪で小さなスナックを切り盛りしながら、上の階で1人暮らしをしています。

昔はその家で、今は亡き祖父と伯父と3人で暮らしていて、私が子どもの頃は、週末になると必ずその家に行き、家族で集まるのが慣例でした。

伯母夫妻には子どもがいなかったので、私を我が子同然にかわいがってくれました。伯母とは昔からごはんを食べに行ったり、買い物や映画に行ったりしました。相談事をしたり、ケンカをしたりしたこともありますし、とにかくよく話をしました。その関係性は今でも変わりません。

伯父も子どもの私を銭湯や海水浴に連れて行ってくれたりして、母子家庭の私にとってはとても貴重な存在でした。そんな伯父の言葉で、今も印象深く覚えているのが「おまえがいることで、色んなところに行けるわ」と言われたことです。当時はその意味がよくわかりませんでしたが、大人になって理解し、私は果報者やったと思ったのです。そんな伯父も数年前に亡くなりました。

長年仕事に追われ、職場以外での友だちがあまり多くないオカンと比べて、伯母はスナックを切り盛りしていることもあって交友関係が広く、オカンと私が伯母の友だちの集まりに巻き込まれることもよくありました。

プーケットの熱帯夜「ホワイトパーティー」。
全身白のドレスコードに身を包むなにわシスターズ。

伯母が営むスナックは、元々祖母（実の祖母）が喫茶店から始めた店で、馴染みのお客さんや近所の人しか来ないような場所でした。そんな訳で、たまに一見のお客さんが来たりすると、客商売なのに伯母のほうが驚いています。もし皆様が来られたら、あまりにもローカルすぎるスナックなので、びっくりされるかもしれません。

私も小さい頃から伯母の店には毎週末行っていて、お客さんとして来てくれる人は知り合いのオッチャンとオバチャンばかりでしたので、店のソファーで横になったりして、家と変わらない感じでくつろいでいました。そしてその店で大人たちが歌う歌謡曲をよくきいていたのが、私が年齢に似合わずズバ抜けて古い歌をよく知っている理由です。今でもたまにお客さんや伯母とデュエットをすることもあります。伯母と歌うのは、都はるみと宮崎雅の「ふたりの大阪」、ザ・ピーナッツの「大阪の女」、平尾昌晃と畑中葉子の「カナダからの手紙」などです。

私が大きくなってからは、伯母とオカンと3人でもよく旅行に行きます。そして伯母がいると必ず珍事件が起こるのですが、その様子は度々YouTubeにも登場しているかと思います。

最近ですと、パートナーも含めた4人でタイのプーケットに行きました。そもそも伯母はプーケットがタイにあるということすら知らなかったくらいです。かといって、わざわざプーケットについて調べたりもせず、「タイに行きターイ!」と言っていました。しょーもな。

伯母はとにかく派手好きで、最近は髪の毛をピンクに染めているのです。これだけでもかなり強烈なのですが、プーケットに出発する日には、髪の色に合わせたのか、ピンクのズボンを穿いて現れました。「こんな派手な人、どこ探してもおらんで」と関空で散々いじって出発したのですが、プーケットの空港に着いてびっくり。「今日ここでピンクの会合でもあるん？」と思うくらい、ピンクの服を着た人がおるわおるわ、全身ピンクの人までいて、伯母も「ほなピンクの会合に行ってくるわ～」と冗談を飛ばしてノリノリでした。

プーケットのホテルでは〝ホワイトパーティー〟という、ドレスコードが白に指定されたパーティーがあったのですが（ちなみに伯母待望のピンクパーティーはなかったです）、旅行前にパーティーがあることがわかっていたので、事前にオカンと伯母へ「白い服を持っていかなあかんで」と伝えたところ、「そんなんないわ。買いにいかなあかん」とそれはそれは大ごとになって大変でした。パーティー慣れしている欧米人とは違って、ドレスコードに慣れていない2人なもので、結局、手持ちの白い服から見繕って事なきを得ました。

そして、実際に参加したホワイトパーティーでは、周りにいるどの外国人観光客よりも弾けていた2人。パーティーでは夕食後に会場がディスコのようになったのですが、ダンスミュージックに合わせて踊りまくる伯母とオカン。河内音頭くらいしか知らなかったはずなのに、「フー！　イェーイ！」みたいな声まで出して、膝を曲げて伸ばして、膝の軟骨をすり減らしながら踊る踊る。「そこまでやるん？　膝に水溜まるで」と、私は2人の熱狂ぶりを動画として記録するのに必死になっていました。一方で一番パーティー慣れしているはずのカナダ人パートナーは内気で恥ずかしがり屋なのでもちろん踊らず、〝なにわシスターズ〟の本気を見せられた熱いプーケットの夜となりました。

22

内向的だった子ども時代
オカンとケンカした反抗期の思い出

現在の私はとても外交的に見えるかもしれませんが、子どもの頃はどちらかといえば内向的でした。大人に囲まれて育ったせいか、変にませていたのかもしれません。子どもたちの輪に「い〜れて〜」と、自分からは言えない子どもでした。

流行りのものにも興味のない子どもで、ポケモンやゲームボーイなど、私と同世代の子どもなら誰でも飛びついたであろう遊びにもまったく興味がなく、「買ってやー」と泣き叫んで何かをねだるようなこともありませんでした。オカンにねだって買ってもらったもので覚えているのは、地球儀と積み木くらいです。そんな感じの子どもでしたので、逆にオカンやおばあちゃんのほうが私を心配して「これ興味ないの?」ときいてきたくらいです。母子家庭だから気を遣っていたとか、そういうことは一切なく、むしろ私は自分が貧しいとは1ミリも思ったことがないです。それはきっといつも心が満たされていて、幸せな子ども時代だったからだと思います。ほんまオカンには何不自由なく育ててもらいました。

私は大阪の公立高校ではめずらしい国際教養科という学科のある高校に進学しました。2クラス80人くらいいたのですが、男子はその内たったの10人だけという圧倒的に女子のほうが多い学科でした。その中の1人の男子と親友になり、彼とは今でもとても仲が良いのですが、彼とコンビを組んで学校の文化祭や校外のイベントなどで一緒に漫才をしました。そのあたりから、自分のキャラクターを恥ずかしがらずに出せるといいますか、今のような性格にシフトしていったような気がします。

私は、自分がマザコンだと自覚しているくらい、オカンとは仲が良いです。一緒にカフェや買い物に行ったり、遠慮なく何でも気兼ねなく話したりしますし、それが当たり前になっています。ですが、そんな私でも、思春期の頃には反抗期がありました。

たしか、中学校の卒業式を含んだ1週間くらい、オカンとケンカして喋らなかった記憶があります。ケンカの理由は忘れてしまいましたが、卒業式という大切な日であったにもかかわらず、たしか1日中オカンを無視していました。

よく親子ゲンカをしていた中学時代の写真。
オーストラリアに２週間のホームステイへ行かせてもらいました。

子どもの頃、オカンとケンカしたときは、決まっておばあちゃんが間に入ってクッションのようになってくれました。おばあちゃんと私たち母子は2世帯住宅で暮らしていたので、オカンとケンカしたり叱られたりすると、おばあちゃんのところに逃げるというのが定番コースでした。

高校生で受験勉強をしていた頃にオカンと大ゲンカをして、オカンが唯一謝ってきたことを今でもよく覚えています。日曜日に仕事が休みだったオカンが、私が勉強していた部屋で掃除機をかけ始めたことがあったのです。勉強に集中できないし、とてつもなくイライラしてきて、「うっさいな！　今勉強してんねや！」と言い、オカンもオカンで休みの日しか掃除ができなかったのでケンカになりました。でも後からオカンが「ごめんな、大事な時期やったな。悪かったな」と謝ってきました。

思春期の頃は、このケンカに限らず、お互い怒りに任せてドアをバーン！と思いっきり閉めたり……なんてケンカは何度もありました。私の成長とともに、こういうケンカは少なくなっていきましたが、特に、私がカナダに渡って離れて暮らすようになってからは、オカンに対しての思いが変わってきて、オカンの老いを感じ、むしろ心配したりするようになってきました。

が、オカンがカナダに遊びに来たり、私が実家に帰ってきて一緒に暮らしたりすると、やっぱりいまだに、しょうもないことでケンカになっちゃうんですけどね。

23

私はマザコン？ オカンは一番の理解者

オカンと私は、性格診断や占いなど、何をしても見事なまでに性格が真逆で、相性も最悪です。オカンは何事にも慎重で、石橋を叩きながらコツコツと頑張るタイプ。目立ちたがり屋でもないですし、責任感が強くルールをきちんと守るような真面目な人です。その点、私は大雑把でいい加減なところがあります。

そんな感じですので、子どもの頃はオカンに叱られることも多かったです。ただ、オカンはこちらからちゃんと事情を説明すると、それを受け入れて許してくれました。頭ごなしに怒り、「勉強しろ」とか「これをしなさい」とか、意見を押し付けるようなプレッシャーはありませんでした。

そのせいか、大人になった今でも、オカンが頭ごなしに否定したりしない人だとわかっていますし、プレゼンをしたら受け入れてくれるという安心感もあって、何でも相談できます。オカンは慎重派ですが、かなり柔軟性がある人だと思います。私の無計画で行き当たりばったりな旅に適応できるのも、そのためかもしれません。

これまでも、退職や転職など、人生のターニングポイントとなるようなときには必ずオカンに相談してきましたが、「それは絶対にあかん」とか「家から出てけ」とか、全否定されたことはありません。オカンも意見を言ってくれますが、私の性格を知っているせいか、結局いつも「もう自分の中では決まってるんやろ? やるんやったら、自分でちゃんと責任を持って、後悔せえへんようにやるんやで」というスタンスです。

私は思い立ったら後先を考えずすぐに行動してしまうタイプなので、オカンからしたら奇想天外で読めないこともあるかもしれません。ただ私としては、オカンに話すことで安心できたり、自信を持てたり、さらには背中を押してもらえたりするので、それで相談しているところもあるのかもしれません。

ここ最近、大阪の実家に帰ると、オカンは何でもかんでも私に頼ってくるようになってきました。年老いてきたせいもあると思いますが、ネット関係の操作は全部頼まれますし、書類関係、車関係、電球の交換、家電を買うといった家に関係すること

オカンとは性格が真逆ですが、気を遣わず何でも話せる仲です。
カタール・ドーハのレストランでの1枚。

など、一般家庭でオトンがやるようなことを今はできる範囲で私がやっている感じです。オカンが「わからへん、ほんまにようわからへん」とよく言うようにもなったので、それでケンカになることもよくあります。

一緒に東京に行ったときも、私は別件で用事があったので、オカンが1人で行動しなければいけない状況になったことがありました。

私はオカンに「東京観光でもしてきたらええやん」と言ったら、オカンは「わからんからええわ。ホテルの部屋におるわ。電車もようわからんし」と言ってきました。私はその言葉になぜか引っ掛かり、「言葉が通じる日本でわからへん言うて何もせんかったら、ほんまに何もできへんくなるで！　自分でちょっと楽しそうなとこ調べて行っておいでや！」と言ってオカンと別れて出かけました。結局、オカンは東京駅近くの美術館に行ったようですが、後からきいたら、知らない場所でオドオドキョロキョロしてしまうのが嫌だったみたいです。

こんな感じで、オカンとは些細な口ゲンカは多いのですが、すぐに元に戻りますし、お互いに感情を出して、腹を割って話せる関係ではあります。パートナーのこともオカンには相談しますし、私にとってオカンはまったく気を遣わないラクな存在です。

うちの親子は少し特殊かもしれませんが、オカンと息子が年を取っても仲良くいられる秘訣は、〝オカンが息子を尊重してくれること〟かもしれません。うちのオカンがそうなのですが、息子に対してああせいこうせいと言わないことが、うまくいく秘訣のような気がします。

24

今の私に繋がる大好きなおばあちゃんの思い出と言葉

私が〝おばあちゃん〟と呼んでいた人は、私の実の祖母ではなく、祖父の兄嫁にあたる人です。実の祖母は、私が生まれる前に亡くなっています。おばあちゃんも若くして旦那さん（祖父の兄）と死別し、子どもがいなかったのですが、その後再婚することもなく、ずっと1人暮らしをしていました。私と血が繋がっていないことは、幼い頃にきいて知っていましたが、まったく気にすることもなく、本当のおばあちゃんと孫のような、愛情深い関係でした。

子どもの頃、塾などをズル休みしたときは、カンカンになって怒ってくるオカンから隠れるため、決まっておばあちゃんのところに行っていました。私にとっておばあちゃんは、どんなときでも甘えさせてくれる心の拠り所のような存在でした。ちなみに、オカンが離婚してすぐ、私たち親子はおばあちゃんの家と2階部分で繋がる2世帯住宅で暮らしはじめたのです。

おばあちゃんは、子どもの私をよくスーパーに連れて行ってくれました。おばあちゃんが賞味期限が長そうなものとか、お得なものを吟味して買っている姿を見ていたので、私も「おばあちゃん、こんな安いのがあったでー！」と得意げに言うような子どもでした。安いものとか、お得なものを見つけるとおばあちゃんに褒められると思っていたからです。家でもよく、おばあちゃんと一緒にスーパーのチラシを見て、ゲーム感覚で安いものを探したりもしました。そのせいでしょうか、今でもブランドものや高価なものには興味がなく、お得なものが大好きです。

子どもの頃、週に1回くらいとても楽しみな日がありました。それは、おばあちゃんの家で夜ごはんを食べて過ごす日です。オカンが仕事で帰りが遅くなる日は、決まって、おばあちゃんの家で過ごしていたのです。週に1回だけのおばあちゃんと2人だけの夕食が、普段とは違う特別感があって、とても大好きな時間でした。

その特別な時間を過ごしていたある日の夜に、オカンが思いのほか早く帰ってきたことがありました。オカンは私が喜ぶだろうと思って「仕事はよ終わったから帰って

大好きなおばあちゃんとの思い出は楽しいものばかり。

きたで」とびっくりさせるように言ったのですが、それに対して私が「もう帰ってきたん⁉」とふてくされたように言ったようで、オカンはめちゃくちゃショックやったそうです。

おばあちゃんは愛媛県生まれで、戦時中に広島の呉市にあった海軍《かいぐん》工廠《こうしょう》という軍需工場で、女子挺身《じょしていしん》隊《たい》として勤労・労働に従事していました。広島に投下された原爆のきのこ雲や戦艦大和も見たと言っていて、ことあるごとに当時のことを話す人でした。

おばあちゃんと話をしていると、

大抵どんな話でも、最後は戦争の話に繋がるのが定番で、耳にタコができるんちゃう?というくらいに、とにかくよくきかされて育ちました。子どもの頃はその話をけるありがたみがよくわからなかったのですが、大人になってから、ものすごい話をきけていたんだなということに気づきました。数年前には実際に呉市を訪れて、戦時中の建物跡地など、おばあちゃんの軌跡をたどったり、若かりし頃のおばあちゃんが見たであろう同じ海や山などを眺めながら、もしおばあちゃんと一緒に来ていたら、彼女は何を思って、私にどんな話をしてくれたのだろうかと、亡きおばあちゃんに思いを馳せたりしました。もしかしたら、私は戦争体験を直接きけた最後の世代かもしれません。

おばあちゃんからはよく「あんたらの年齢のときは私はこうしてた」とか、食べものがなくて苦労した話などをきいていたので、たとえ大変だと思うことがあっても、最終的には「こんなん、大したことないやん」と踏ん張ることができているような気もします。

25

底知れぬ体力を秘めた爆裂オカン

これまで〝推し〟やこれといった趣味がなかったオカンですが、最近はヒゲダン(Official髭男dism《オフィシャルヒゲダンディズム》)というオカンにとっては稲垣潤一と杉山清貴以来の〝推し〟がいます。彼らのYouTubeチャンネルをチェックするくらい大好きで、「メンバーの誰それが○○したみたいやで」と、私にわざわざ教えてきたりします。もちろんファンクラブにも入っていて、私が大阪に帰るとそれ関係の手続きなんかを全部やらされます。

そもそもヒゲダンにハマったきっかけは、数年前に私がオカンをコンサートに誘って一緒に行ったのが始まりでした。が、今は私よりもどハマりしています。

どうやらボーカルの方が私と同い年な上に身長も同じらしく、もしかしたら息子を応援しているような感覚もあるのかもしれません。知らんけど。

前述の通りオカンはかなり小柄ですが、保育上として毎日のように子どもたちと駆けずり回っていたせいか、ちっさくても馬力があって、根性と体力がハンパないです。

オカンの馬力を特に感じるのが旅行中で、30代の私が今のオカンの年齢になったときに、果たして同じことができるのか？と考えると、正直自信がありません。


例えば、タイのプーケットで体験したムエタイ。

私がオカンに冗談半分で「一緒にやろうや」と言ったところ、オカンは最初こそ、「イヤや〜やらへんよ」と言っていましたが、その言葉がフリだったかのように、結局トレーニングに参加したのです。さすがにリング上でのスパークリングはしませんでしたが、屈強な男たちに交ざって、喰らいつくように練習していた〝オカンの還暦ムエタイ〟を見て、さすがに今回だけはやりすぎたかなと思いました。

モルディブでシュノーケリングをしたときも、オカンの底知れぬ体力にびっくりさせられました。足がつかないくらい深くて美しい珊瑚礁の海に行き、シュノーケリングを楽しんだのですが、30分ほど泳ぎ、私や一緒に行ったパートナーが船に戻ってゼ

プーケットでは、もちろん私もムエタイに参加しました。

イゼイハアハアと言っていたのに、まだ海で泳いでいました。「もう終わりやで!」と伝えたら、「え?もう終わりやの?」と、まだ5分しか泳いでないくらいの勢いで言われ、かなり物足りない感じで船に戻ってきました。

まだまだあります。

シンガポールでは、朝一でユニバ(シンガポールにもユニバーサルスタジオがあります。現地ではUSSと呼ばれているそうです)に行って、いきなりジェットコースター2基を制覇したことがありました。しかも、朝ごはんを食べた直後にです。その後さらに別のアトラクションを楽しみ、水でびしょ濡れになってオカンの化粧が全部剥げてしまいました。そして服が乾く間もなく、ユニバの近くにあるメガアドベンチャーパークに移動して、全長約450メートルのジップラインをシャーッと鮮やかに滑走したオカン。
シンガポールを去る日、オカンは「還暦の本気みせたったわ！」とほくそ笑んでいました。いつまでも元気で長生きしてな。

朝一で絶叫コースターからの、
水でびしょ濡れ、化粧全剥げしたUSS。

服が乾く間もなくセントーサ島の
ジップラインを滑走した還暦オカン。

26

凸凹だからうまく回っていた家族の形は色々あって良い

前述した通り、私の家族構成は少し複雑です。亡くなった祖父は血の繋がった実の祖父ですが、私がおばあちゃんと呼んでいた人は実の祖母ではなく、祖父の兄嫁にあたる人です。そして、私の実の祖母と〝おばあちゃん〟の旦那さん（祖父の兄）は、私が生まれる前に若くして亡くなりました。

オカンの実家になる祖父の家では、伯母（オカンの5歳上の姉）と伯父（伯母の旦那さん）が3人で暮らしていて、その家の1階で伯母がスナックを営んでいました。そして、祖父の家から車で20分くらいのところにある2世帯住宅で、1人暮らしをしているおばあちゃんと、母子家庭のオカンと私が、それぞれ暮らしていました。

一般的な家庭とはちょっと違う家族構成でしたが、週末は必ず祖父の家に集まるのが慣例のような、繋がりがとても強い家族でした。

私が小５のときに祖父が亡くなったのですが、祖父はそれ以前に２回ほど脳梗塞で倒れていて、最後のほうは入院生活が続いていました。そのため、私が小４、５くらいのときは、週末になると祖父の家ではなく病院にお見舞いに行き、そこに家族が集まるような感じでした。

そんな家族でしたので、母子家庭でしたが、いつも周りには大人たちがいて、伯母やおばあちゃんもオカンのようでしたし、伯父はオトンのような存在でした。私が自転車に乗れるようになったのも、「よっしゃ、根性でいったれ」というような威勢の良い伯父が根気よく練習に付き合ってくれたおかげです。

家族でよく旅行もしました。小学生の頃は、祖父が海外旅行が好きではなかったこともあり、もっぱら国内旅行ばかりでした。当時はネットもない時代でしたので、旅行というと、必ず祖父が旅行先にある国民宿舎に電話予約か往復ハガキで応募をして、そこに泊まるのが定番でした。宿舎では、畳敷きの１部屋に家族全員分の布団を並べて寝るような感じでした。

祖父が亡くなってからは、海外旅行にも行くようになりましたが、子ども時代の旅

オカン、伯母、パートナー、私の４人で宿泊した旅先の部屋。

行の影響なのか、私はいまだに海外旅行先のホテルは高級ホテルよりも安いホテルのほうが落ち着きます。家族バラバラの部屋ではなく、1部屋に皆で寝泊まりしたいと思ってしまうのです。そのため、オカンと伯母と3人で旅行に行っても、必ず3人1部屋で寝泊まりしています。パートナーを含めた4人での旅行の際も、せっかくの家族旅行なので私としては1部屋が良いと思っています。しかし、以前YouTubeのコメントで「それはパートナーさんがゆっくりできないのでは?」とご心配をいただき、たしかに自分本位だったなと反省しました。

うちの家族はとにかくうるさいくらいに全員がよく喋りました。亡くなったおばあちゃんは話し好きの会話泥棒でしたし、オカンはＹｏｕＴｕｂｅ動画ではだいぶ猫を被っていますが、実は話の緩急の絶妙な使い手です。伯母はとにかくリアクションが大きな芸人肌で、見た目でわかるくらいの派手好きです。こんな家庭で育ったので、私はズバズバ言うことこそが愛情表現だと思っているところがあります。家族だからこそ、遠慮せずに何でも言い合える関係でいたいと思ってしまうのです。

私たち家族は血の繋がりがなかったり、母子家庭だったりと、一般的で典型的な家族構成ではない〝凸凹家族〟ですが、凸凹なりにもうまい具合にお互い助け合って回っていました。

今はもう、旅行に連れて行ってくれた祖父も、威勢の良かった伯父も、そして大好きだったおばあちゃんも、この世にはいません。ですが、毎週末集まって、ああでもないこうでもないと、いらんことばかり話して、しょうもないことでケンカをする、にぎやかな大人たちに囲まれて、寂しさとは無縁の環境だったと感じます。そのためでしょうか、家族の形は一つじゃないと心から思うのです。

ナメられたらあかんで！

作：せきの

第 5 章

故郷を離れて気づくアイデンティティ

27

これまで訪れた国は約50ヵ国！海外で出会った忘れられない思い出

幸せなことに、これまで仕事も含めて約50カ国を訪れることができました。全ての場所に良い思い出がたくさんありますし、ハプニングもあります。その中から印象に残っている4ヵ国をご紹介します。

まず、初めは行ってみてすごく印象が良かった国、パナマです。社会の授業で必ず出てくるパナマ運河で有名な、北米と南米のちょうど中間に位置する国です。ここにはパートナーと行ったのですが、2人で口を揃えて、「ええ国やな」と話しながら旅をした思い出があります。

地理的な理由から勝手にラテンなノリをイメージして、それなりに身構えて行ったのですが、想像とはまったく違っていてびっくりしました。

まず、コロナ規制が緩和された時期ではあったのですが、かなり暑かったにもかかわらず、パナマの人々は皆きちんとマスクをしていたことに驚きました。そして一様に礼儀正しい感じだったのが印象的で、駅で迷っていれば「大丈夫？」と声を掛けてくれましたし（よく海外である、教えてあげたからチップちょうだい！みたいなのもありませんでした）、観光地にありがちな押し売りもまったくなかったです。さらには並ぶべき場所ではきちんと並んで待っているような感じで、高齢者を優先させている姿も目にしましたし、優しい国民性にとても感動しました。ぜひ皆様にも行っていただきたい国です。もちろんパナマ運河も一見の価値ありです。


次は、これは一本取られた！と、おもしろいハプニングがあったトルコです。

モロッコやエジプトなどのイスラム教の国には、だいたいスークやバザールといった土産物店が軒を連ねる大型市場があり、どこの国にも必ず、口の達者な商売人たちがいます。特に日本語を操る商売人には要注意なのですが、トルコのイスタンブールにあるバザールに行ったときに見事に引っかかってしまいました。

カタールの砂漠へ連れられる私たち。
砂漠では日本が誇る名車ランドクルーザーが活躍しています。

オカンと伯母と私の3人でバザールを歩いていたときのことです。私たちもただのカモにはなりたくないので、「コンニチワ！」と声をかけられても、商品に興味がなければスルーしていました。

しかし、ある店の前でいきなり「オバハン！　オバハン！　オバハン、コッチ！」と言ってきた客引きがいて、オカンと伯母は無意識に「誰がオバハンやねん！」とツッコミながら振り返ってしまい、そこから彼のセールストークが始まったのです。まんまとドツボにハマってしまいました。

旅の初心者ですと、このような商売人に気後れしてしまうのですが、彼らも悪人ではないので、笑ってかわせるくらいに楽しめるといいかもしれません。値段交渉が必要な国では「絶対に高いやん！　冗談やろ？　負けて〜や！」と言ったりするくらいの、関西人のようなノリのほうがいいかと思います。絶対に日和《ひよ》ってはダメです。日本人はどうしてもお人好しなところがあるので、「買わないと申し訳ない」みたいな感じになりがちですが、堂々と値段交渉するのが得策です。あちらが根負けするぐらいの値段を吹っかけても、案外買えたりします。向こうもおそらくですが、言い値で相手が買ってくれたらラッキーくらいの感覚だと思います。

それから、ドーハでの12時間の乗り継ぎ時間を利用して参加し、アドレナリンが出まくったカタールの砂漠爆走ドライブも忘れられません。ドーハ空港から1時間ほどのところに砂漠があり、一緒にいたオカンは「鳥取砂丘みたいやな」とか、ラクダに乗って「ラクだ」とかしょーもないことばかり言っていました。が、四駆のランドクルーザーに乗ってうねりのある砂漠を爆走したときには、そんな余裕すらなくなり、ジェットコースターのごとく予測不能で揺れまくる車内で大絶叫しながら楽しみました。日本だと多分、危険すぎてＮＧが出るくらいのスリルです。全てがドライバーの腕にかかっています。もしカタールで乗り継ぎをするようでしたら、覚悟の上ぜひ。半日でも十分に楽しめます。

最後に、タイのプーケットにあるエレファントケアパークという象の保護施設をご紹介します。ゾウさんを愛でるだけではなく、新たな視点でゾウさんを取り巻く環境や社会問題などを学ぶことができ、行って良かったなぁと思えた場所です。

タイで象の観光施設というと、象に乗ったり、象の曲芸を見たり……を想像しませんか？　でも、ここにはそのようなアクティビティは一切なく、象が自然に近い形で生活していました。自分たちで下準備した餌を食べさせたり、象の糞から再生紙を作ったりすることによって、象の生態や象を取り巻く環境について考えることができるのです。一昔前でしたら、象に乗ってイェーイ！と写真を撮ったりするのがタイ観光の目玉のような感じでしたが、時代とともに変わってきているんだなぁと実感しましたし、ものすごく良い取り組みだと思いました。

そして、海外ではなく、国内になるのですが、三重県の関宿という宿場町もかなり穴場でおすすめです。

カナダからやって来たお義母さんを連れて、大阪から伊勢に小旅行したのですが、その帰り際にたまたま立ち寄った場所です。関宿は東海道の古い宿場町で、瓦屋根の家が連なる見事な町並みでした。どうやらこの町はわざと宣伝をしていないらしく（立ち寄った骨董屋さんの気さくな店主さんが教えてくれました）、インバウンドの気配もまったくなく、ゆっくり見て回れました。もし海外で知られたら一気に外国人観光客が押し寄せると思います。それくらい魅力的な町でした。

28

絶対に何かが起こる！ なにわシスターズとの旅行は要注意

オカンと伯母の〝なにわシスターズ〟（私が勝手にそう呼んでいます）とは、子どもの頃から国内外問わず色んなところに旅行しました。香港、ハワイ、イタリア、トルコ、台湾、オーストラリア、タイと結構行かせていただいています。が、旅行に行くと絶対に何かが起こるのです。

伯母は若い頃に何度かヨーロッパを旅行したらしく、私が大学4年のときに3人で行ったイタリアでは、「イタリアではスリに遭うから気いつけや！」と事あるごとに言ってきました。というのも当時、一緒に旅行していた伯母の友人が旅行中にカメラと財布をスラれたそうです。そんなこともあり、伯母の再三の注意喚起のおかげもあって、旅行中は特にトラブルもなく最終日を迎えることができました。

しかし、ローマの駅から空港に向かうためのタクシーを待っていたときに、なんと伯母自身が財布をスラれてしまったのです。あんだけ「気ぃつけや！」と旅行の先輩風を吹かせていたのに。

スラれた瞬間は気づかなかったようで、タクシーに乗ってからリュックのチャックが開いていて、財布だけが無くなっていることに気づき、「やられたー！」と大騒ぎになりました。そして一気にテンションが下がって意気消沈した伯母だったのですが、イタリアではよくあることなのか、タクシーの運転手さんは状況に気づきながらも無言のまま、ローマ・フィウミチーノ空港まで飛ばしてくれました。

旅行最終日なのにクレジットカードが使えないタクシーだったため泣く泣く両替したり、現地の警察署や保険会社などに連絡したり、「旅の最後に最悪や」「もうこれ以上トラブル起きへんよな」と苦い気持ちを残しながら、イタリアからトランジット先のイスタンブールに飛んだのです。

が！　この後にまたまたトラブルに見舞われてしまいました。私たちが乗っていた

数々のハプニングを巻き起こしてきた、関西発なにわシスターズ。

飛行機が、濃霧の影響でイスタンブールから急遽トルコの首都アンカラの空港にダイバート（目的地以外の空港に着陸すること）したのです。しかも、霧が晴れるのを待つために、深夜のアンカラ空港で2、3時間ほど待機することになりました。

空港には同じようにダイバートした人がごった返していて、空港スタッフが無料で軽食と飲み物の配布をしていたのですが、私たちはそのことに気づくのが一足遅かったために貰いそびれてしまい、イタリアのスリから始まって、次から次へと、心身ともにズタボロな状態でした。

再びイスタンブールに飛んで、到着した頃には朝方近くになっていました。廃人と化した私たち3人は、うっすらと夜が明けていくイスタンブールの街なかを重たいスーツケースをゴロゴロ引きずりながら、やっとの思いで航空会社が手配してくれたホテルにたどり着いたのでした。

3人での旅行にはとにかくハプニングが付きもので、私が学生時代に行った台湾でも、思いがけない出来事に見舞われました。台湾2日目に、観光を終えてホテルの部屋に戻ると、私たちの部屋に、1日目にはなかった古いタンスが運び込まれていたのです。「なんやこれ?」と開けてびっくり! なんと、タンスの中に虫が大量発生しているではありませんか。それを見るなり、3人で「ギャー!!」と大パニックになり、すぐにフロントに伝えて、タンスを部屋からどかしてもらって事なきを得たのですが、ホテルスタッフが部屋中に大量の殺虫剤を吹きかけたために、ムンムンとした殺虫剤の臭いに包まれながら、その晩は就寝する羽目になりました。私たち3人は全員虫が大の苦手なので、こういう状況になると、誰1人として果敢に立ち向かえず、冷静にもなれず、ひたすらギャーギャー騒ぐだけになってしまうのです。今思えば、もっと強く交渉して、部屋を替えてもらうべきでした。

この台湾の一件もそうですが、つくづくホテルの清潔感は大事だと感じます。私は安いホテルに泊まりがちですが、それでも、ホテル選びの優先順位ナンバーワンはずばり清潔感だと思ってホテル選びをしています。私の中で、ホテルの清潔感とセキュリティは直結しているような気がしていて、そのため、清潔感に関するレビューはとことんチェックしています。

オーストラリアのケアンズに3人で行ったときも、最後の最後にやられた思い出があります。

旅自体は楽しくつつがなく終了して、「じゃあ日本に帰るで」とケアンズの空港に行ったところ、空港カウンターに長蛇の列ができていました。どうやら、私たちが搭乗予定だった飛行機の前日の日本行きの便が欠航したために混雑していたようでした。

私たちの大阪行きの便は予定通り飛ぶことになっていて、航空券も持っていましたし、「乗れなかった人たち大変やな」と他人事のように思っていたのですが、いきなりカウンターから名前が呼ばれ、「あなたたちは乗れません」と告げられたのです。

どうやら私たちが乗る予定だった飛行機は、欠航した便の影響でオーバーブッキングしていたらしく、そして私たちのチェックインがかなり遅かったことで、搭乗者からはじかれてしまったようでした。

「東京行きの便でしたら乗れます」と言われたのですが、悩んだ末に、私たちはケアンズにもう1泊して、翌日の大阪行きの便で帰りました（もちろんこういった場合のホテルや食費などは航空会社持ちです）。

こんなこともありますので、皆様もチェックインは早めにすることをおすすめします（特に今はオンラインチェックインを早めにするのが得策です）。このときの私は、まだ学生でそんな知識も持ち合わせていませんでしたので、航空券を持っていれば乗れると思っていたのです。

29

Ryucrewが教える独断と偏見ありの海外旅行Tips

たかが50ヵ国ちょっと行ったくらいで偉そうにして申し訳ないのですが、海外旅行をする上でのTipsを皆様にいくつかご紹介したいと思います。

まず交通手段について、今はウーバーなどの配車アプリを使って、行きたいところに行くほうが断然おすすめです。現地の流しのタクシーは怖いという方でも、ウーバーでしたら行き先も事前に決められますし、明朗会計な上に、日本人がとまどうチップもアプリを通して払えるので安心です。ウーバーがない国でも、似たようなサービスがだいたいあります。

次にクレジットカードについてです。海外旅行先でいきなりカード利用が止められた！なんてことをよく耳にしますが、そのトラブルを回避するために、必ずカード会社には、日本出国前に旅行に行く旨や行き先などを事前に伝えておくと良いと思います。カード裏面の番号に電話するか、ネットやアプリでも簡単にできます。

また、クレジットカードは必ず2枚持ちで、1枚ずつ別ブランドで2種類を持っていくことをおすすめします。私は現金を大量に持ち歩くのが怖いので、手持ちは最小限にとどめていて、必要な場合はクレジットカードを使って現地のATMでキャッシングするようにしています。そのほうが、対人の両替カウンターよりもレートが良い場合が多いのでおすすめです。その際ですが念の為、ATMから発行されたレシートもとっておいてください。

次に、これは、私がオカンや伯母と旅行する際に必ずすることなのですが、ホテル名とホテルの最寄駅の駅名を、2人には何度も復唱させて暗記させています。この2つさえ覚えて言えるようになれば、英語や現地の言葉が話せなくても、なんとかなります。ホテルの住所や、近くの駅名の看板などをスマホで撮影したりもしますが、万が一にもスマホを紛失したときのために、ホテルのフロントなどに置いてあるビジネスカードを取って、ポケットに入れておくのも良いかもしれません。それから、ホテルの部屋にいるときは必ず内鍵をかけるようにしています。海外のホテルでは、朝着

バンクーバーでレンタサイクルをしましたが、値段にビックリ。
使ったのは、このときが最初で最後となりました。

替えているときにいきなりハウスキーパーが入ってきた！なんてことがよくあるからです。

それから、私は旅先ではグーグルマップをよく使うのですが、特におすすめなのが、この中にあるオフラインマップという機能です。これは無料で地図がダウンロードでき、ネット環境がない場所でも地図を見ることができるので、海外旅行では特におすすめです。

旅行に限らず、私が海外に行く際に持参していて便利なものもいくつかご紹介させていただきます。

まずはゴムサンダルです。安い

もので構いません。海外ではホテルにスリッパがないことが多かったりするので、これがあれば室内履きとして活用できます。

また、ホテルによってはバスルームの床が汚かったりする場合があるので、そんなときはゴムサンダルを履いたままシャワーを浴びることもできます。

他には、日本で売っている超軽量の折りたたみ傘も1本あると便利で安心かもしれません。これは荷物にもなりませんし、海外ではあれだけ軽量の傘はまず売っていないです。

あと、これはオカンが旅行中に持ち歩いていてかなり助かったものなのですが、ポケットタイプの除菌用ウェットティッシュです。海外ではカフェのテーブルやイスが汚れていることが多く、テラス席に座ることもあるので、これがあると、店の人をわざわざ呼んで拭いてもらうのを待っているよりも早いです。

最後に、もし英語が苦痛でないようでしたら、観光地の入場チケットは事前にネット購入するのがおすすめです。人気の観光スポットはどこのチケット売り場も長蛇の列でかなりの時間を要しますし、ネット購入ですと、割引があったり格段に早く入場できたりします。

30

海外旅行のトイレ事情は死活問題！
世界中でトイレ緊急事態宣言を出した伯母

日本ですと、レストランやサービスエリアなどで気軽に用を済ませられますが、それが海外旅行だと簡単にはいきません。なにわシスターズと海外旅行をしていて、伯母のすべらない話ならぬ〝しかづきかけた話（関西弁で「失禁しそうになった」の意）〟は枚挙にいとまがありません。いきなりこんな品のない話で、申し訳ございません。

私の中で、伯母がトイレ緊急事態宣言を出した一番古い記憶は、中学生の頃に家族で団体ツアーに参加して香港に行ったときのことです。

伯母は、昔からごはんを食べるとすぐにお腹が痛くなる人なのですが、香港では食事の後に団体バスに乗って免税店に連れて行かれました。アジアによくある、入口から出口までが一方通行になっているような団体旅行向けの免税店でした。

そして、店内を歩いて出口まで来たあたりで、伯母の顔色が変わったのです。急いで店員さんにトイレの場所をきいたところ、入口にしかないとのこと。すぐ目の前の出口にはバスが待機していて、同じツアーのお客さんたちが乗り込もうとしていました。そんな状況下で、デッドorアライブ並みの究極の選択を迫られた半泣きの伯母。家族皆が「もう早よ行き！」とトイレに行くように促し、足早に来た道を引き返して行ったのでした。もちろん、ツアー客の皆様がバスの中で伯母のトイレ待ちをしたことは言うまでもありません。あのときの皆様、大変ご迷惑をおかけしました。

オカンと伯母と海外旅行をしているときは、朝は特に気を遣います。

海外では、ホテルから出た後のトイレ事情が、日本とは違って予想ができないので、2人もそのことを一番に不安視しています。そのため、朝スッキリしないと外に出ません。2人にとって、朝のトイレがその日の観光を左右すると言っても過言ではなく、朝いかにホテルでスッキリさせるかが勝負になります。それがないと、その日1日を不安で過ごすことになるからです。そんな訳で、2人がいるときは朝のトイレタイムは必ず1時間くらいは取るようにしています。

ドーハで入ったレストランのお手洗いはびっくりするほど清潔でした。
が、砂漠ツアーの途中で寄ったお手洗いはなかなかハードでした。

例えば、イタリア旅行では、便器に便座がついてない場面に出くわすことが何度かあって、「イタリア人はどうやってしてるん?」と衝撃を受けたことがありました。海外ではそんな不測の事態が多々ありえるので、とにかく朝は大事なのです。

最近行ったタイのプーケットでも、伯母がまたもや緊急事態を宣言したのですが、観光地にあった有料の公衆トイレでは、個室にトイレットペーパーが固定されておらず共有で、個室に入る前に、自分が使う分だけのトイレットペーパーの長さを予想して切り取り、個室に入らなければいけないという、なかなかハードルの高いトイレでした。伯母は切羽詰まった中で、トイレットペーパーの長さも考えなきゃいけないし、早くトイレにも行きたいしで、頭の中はかなりパニックだったようです。

また、オカン曰く、北欧やバルト三国は平均的に身長が高めなせいか、便座も日本に比べると高い位置にあって、小っさいオカンは床に足が届かないこともあったらしく、なかなか大変だったようです。

さらに、北米などでは、おそらく防犯上の理由で、トイレの個室のドアの下が空いている場合が多いのですが、そこからオカンは隣の人が荷物をトイレの地べたにドサッと直置きしているのをよく見たらしく、「信じられへん」とカルチャーショックを受けていました。また、インスリンなどの注射器専用のゴミ箱がどこの公衆トイレにも設置されていることにも驚いていました。

海外のトイレ事情はとにかく予測不能なので、なにわシスターズがいるときは、とりあえず、〝行けそうなトイレがあったら行く！〟これが鉄則です。

31

16年の年月を経て なにわシスターズとハワイ旅行

オカンと伯母と、私が高校生のとき以来となるハワイに３人で行きました。実に16年ぶりのハワイ３人旅です。余談ですが、３人にとっての初ハワイは伯母の生命保険が満期になり、いくらばかりか払い戻しがあったそうで、それを軍資金にして行った記憶があります。

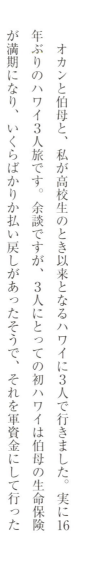

私は、仕事では多いときは月５回くらい、仕事とは言え、ありがたいことにほぼ毎週のようにハワイに行かせていただくこともあります。トータルで１００回以上は行っていると思います。ある意味、私にとっては思い出がたくさんある場所です。

普段仕事で行くときは、基本的に24時間ステイなので、ホテルからはあまり出ずに外で食事をしてビーチにちょっと出る程度です。そもそもＣＡは気圧の変化の関係でステイ中のスキューバダイビングが禁止されていたり、乗務前はアルコールも飲めませんし、帰りの乗務のことを考えたりもして、なかなかゆっくりハワイを観光するという感じにはなれません。それに、初めて行くような就航地でしたらワクワクもあるのですが、贅沢なもので、3、4回行くとドキドキが無くなっちゃうのです。

そんなこともあり、今回のハワイ旅行は、なにわシスターズを案内しながら一緒に観光したせいか、いつもとは違った気持ちで楽しめました。

前回のハワイ旅行のときは、私はまだ高校生で、英語も上手く喋れず、コミュニケーションもあまりとれずに英語の洗礼を受けたような旅でした。まさかその後に、自分がCAとなってハワイに100回も行くような人生になろうとは、そして、まさかまさか当時は苦手だった英語を使いシスターズを連れて、ハワイを観光案内することになろうとは、当時の私は微塵も想像していませんでした。

当時はワイキキ周辺の定番スポットばかりを観光したのですが、今回はそれらに加えて、レンタカーを借りて、私の運転でオアフ島を半周し、日帰りでノースショアまで足を伸ばしました。

高校生のときは運転ができませんでしたし、今でも、仕事のステイ先やプライベー

おもひでのサンセットディナークルーズに参加する我々。

トの旅先で車を運転してどこかに行くことはほとんど無いので、たとえ100回行っているハワイでも、ドライブしながら回ることで、いつもと景色が変わって見えて新鮮でした。ドライブの途中に、小さな町やビーチに立ち寄ったり、ウミガメを見たり、シスターズも楽しんでいました。

有名なステーキハウスのウルフギャングにも行ったのですが、伯母は肉を食べない人なので、皆がステーキを食べる中で、伯母だけサーモンを食べていました。ここに限らず、ハワイは肉料理が多いので苦労しました。ちなみに、伯母はステーキは食べられませんが、ハンバーグは食べられます。なんやねん。

ハワイ最終日の夜は、サンセットディナークルーズにも参加しました。実は16年前にも3人で同じ船に乗って、食事やダンスを楽しんだ思い出があり、昔した事を、私が30代、2人が60代になった今、もう1回してみようということで参加したのです。昔と同じようにワイキキに沈む夕日を眺めながらコース料理をいただいて、しょーもない話をして笑って、さらには昔と同じポーズで記念写真を撮ったりして、そんなことをしながら、3人とも年を取ったなあとしみじみと感じました。

シスターズを案内しながら、「トイレ大丈夫か?」とか、「料理油っぽくないか?」とか、お年寄りの世話をするようにきいている自分がいて、2人からすると「勝手に年寄り扱いすな!」と言われそうなくらいでした。でも逆にホテルの部屋に戻ると、私が散らかしたままのベッドや、開いたままのカバンを見て、「あんた、ちゃんと片付けや!」とか、消灯後には「スマホ遅くまで見てやんと、早よ寝えや!」とか散々言われて、逆に「子ども扱いすな!」と言いたくなりましたが、やはり2人にとっては、私はいつまでも子どもなんやなあとも感じました。

32

旅先のスーパーはその国の縮図！絶対に外せない暮らしのテーマパーク

スーパーって、なんであんなに楽しいのでしょう。海外のどこの国でも、そこに行くとワクワクします。私はスーパーは〝暮らしのテーマパーク〟だと思っているので、海外旅行先でも、有名なミュージアムなどに引けを取らない、一つのアミューズメントだと思いながら楽しんでいます。

スーパーは、地元の人が常に来ているような場所なので、そこに行くだけで、その国の物価や物の値段を感覚的に知ることができますし、その国の人が好んで食べている物など、人々の生活も垣間見ることができるような気がします。

ヨーロッパですと、チーズ売り場やハム売り場などがとんでもなくデカかったりしますし、イタリアではパスタがかなりのスペースをさいて売られていたり、メキシコなどの中南米では食用のサボテンが売られていたりもします。また、ドリンク類にしても、紙パックやペットボトル以外にも、袋に入れて売っているような国もあります。

肉売り場の雰囲気や売り方も、日本とは全然違っているのでおもしろいです。日本ですと、肉はきれいにパック詰めされて整然と冷蔵コーナーに並べられていますが、国によっては「誰が買うん？」と思うような獣の形のまんまの肉が吊るされているところもありますし、肉の塊がゴロゴロと並んでいるような場合もあります。そして、客が肉売り場のスタッフに肉の部位や切り方を指定して注文したり、または作る予定の料理などを話しながら、店側が切り売りしている光景を目にしたりもします。

魚売り場もかなり興味深くて、まず日本とは売られている魚の種類が全然違いますし、肉同様にパック詰めされた切り身ばかりが並んでいる日本とは違い、丸ごとの魚がズラリと並べられていて活気があり、それらを量り売りしている国が多い印象です。とにかく、どこの国でもこうした新鮮な食材を扱う売り場は見ているだけでもかなり楽しいです。

そして、旅行者にとってはスーパーこそがお土産を買うための超穴場スポットで、ちょっとしたお土産品やご当地物などを買えたりするのでかなりおすすめです。観光

現地の方が使うスーパーや青果店は特産品をお得にゲットできる穴場。
写真はプーケットで見つけたマーケット。

名所にある土産物店や免税店などと同じような菓子や商品が、ローカル価格で買えることもあります。ちなみに、カナダのスーパーで買えるお土産でおすすめなのが、メープルバターです。お土産屋さんよりもかなり安く購入できることがあります。

また、海外のスーパーに行く際には、エコバッグを一つ持参すると便利かもしれません。なぜかといいますと、海外のスーパーも、今は袋の有料化が主流となっていて、日本と同じようなビニール袋の場合もありますが、国によっては、かなり使いづらい、持ち手の付いていない紙袋であったり、逆に、かなり作りがしっかりとした、その店オリジナルのエコバッグだったりする場合もあって、これが意外と高額なことがあるのです。エコバッグはかさばらないので、日本から持って行くのも良いと思います。

実は、私は日本のスーパーも大好きで、特に好きなのがＹｏｕＴｕｂｅでも度々お話ししている四つ葉マークでお馴染みのライフです。

大阪に帰った際には必ず行っていて、海外在住の私としては、一つの新商品すら見逃したくないので、ゆっくりじっくり、店内の隅々まで歩き回って買い物をしていますす。そして毎回買いすぎるので、ライフに行くときは必ず、カゴ付きママチャリに乗って万全の状態で向かいます。そのため、日本からカナダに戻るときの荷物の大半が、食料品や日用品なんてこともよくあります。

カナダ人の義母が日本にやってきた

作：せきの

第 6 章

自分らしく
生きるための羅針盤

33

日本人としてのアイデンティティ 日本は素晴らしい国！ 自信を持って！

私は日本という国が大好きですし、カナダにいても日本にいても、日本人で良かったと思いながら毎日生きています。最近は1年のうち3、4カ月は日本にいる感じで、それくらい日本が好きですし、地元の大阪が大好きです。

昔は、実家のある大阪下町のガチャガチャした感じが嫌やなぁと思ったこともありました。でも今は、そこに帰れることが心底嬉しいですし、いくら方言や「訛っている」と言われたとしても関西弁が話せてよかったと思っています。その土地土地で受け継がれてきた言葉は長い歴史とその地域の人たちの思いがつまったとても尊いものだと思いますし、違う都道府県の人たちが集まれば方言の違いだけで、数時間は楽しく話せるというのも、すごく素敵なことだと思います。

と、そんなことを言っている私ですが、カナダで暮らし始めた当初は、日本人特有の英語のアクセントを指摘されれば直したり、服装もカナダの感じに寄せていたりしました。ただ、徐々にそのことにストレスを感じるようになってきて、いつからか、〝私は大阪下町育ちの日本人です！〞という、自分のアイデンティティみたいなものが強くなってきました。例えば英語の日本人アクセントを指摘されても、「いや、当たり前やん？　それが何か？」みたいな感じで、あまり気にならなくなりましたし、そしてラクになりました（正直、偉そうにアクセントを指摘してくる人に対しては、「その前に日本語ペラペラになってから出直してこい！」とは思いますけどね）。

カナダで暮らす期間が長くなればなるほど、そして、色んな国を知れば知るほど、それに比例するかのように、「日本ってええ国やわ」と思うことがどんどん増えてきて、私の中で意識が変わってきたように思います。

ただ、私みたいな人間ばかりではなく、カナダにも大きく分けると2種類の日本人がいると思っていまして、私のような、〝いつかは日本に帰りたい！　カナダも良いけど、なんやかんや日本がイチバン！〞というグループがいる一方で、〝日本は労働環境もカナダより厳しいし、色々なルールがあってしんどい。カナダのほうが肌に合

お義母さんを連れて、紅葉ライトアップで幻想的な貴船神社の水占みくじをしました。
お義母さんは末吉、私は大吉でした（ごめんやで）。

う〟というグループがいるのもまた事実です。そもそもどこの国の人でも一括りにして考えるのは良くないですよね。

日本はどこに行っても、地元色や地元愛が色濃く出ていて、それも日本がええなぁと思う理由の一つです。車でちょっと行くだけで全然違う景色が見えたり、その土地でしか味わえない食べ物があったりと、驚くほど細かく土地土地に歴史や文化があって、方言があって、食文化があって、色んな国を訪ねるほどに、日本の良さを再確認している感じです。ちなみに、カナダは移民が多く、建国からまだ150年少しと歴史が浅いこともあるせいか、地元という括りに固執する感覚が希薄で、カナダ人は引っ越しも結構簡単にするイメージが私の中にはあります（と言う私も大阪を出てバンクーバーに住んでいるので説得力はないですが……）。

また、日本人ほど食への探究心が旺盛な国民は世界的に見ても少ないような気がします。海外旅行をしていても、他国からの観光客が現地のマクドでハンバーガーにかぶりついている光景を目の当たりにしたりしますが、日本人観光客の場合は、現地のレストランに足を運んで、現地の味を少しでも楽しもうとする方が多いのではないでしょうか？　でも思い出してください。私たち親子もリトアニアで夜マクドを食べています。またもや説得力なしですみません……。

あと、日本人のファッションですが、ギャルがいたり、ナチュラル系やモード系もいたり、ボーイッシュ系やB系などなど、皆がそれぞれ多種多様に自分のファッションを楽しんで街を歩いている様子を見ると、日本人って個性がないって言われるけれど、実はそんなことないいんちゃう？と皆が大体同じファッションをしているカナダで暮らす私は思うのです。

34

こちらが当たり前にしていれば相手は怯《ひる》む

日本に帰ってくると、「まだまだ自分のセクシャリティは特殊なんやな」と気づかされる場面がたまにあるということを先述させていただいたのですが、別に、私のセクシャリティを理解してもらおうなどとは思っていませんし、ましてや押しつけたい気持ちもなくて、今はそんな社会の中でも、自分らしく生きるための術のようなものを身につけて、上手くかわしながら楽しく過ごしている感じです。

私が自分らしく人生を生きるために大事にしていることは、ズバリ！〝怯《ひる》まないこと〟です。自信の本質のような感じでしょうか。

他人様に迷惑をかけずに自分らしく生きていることを他人に小馬鹿にされたり、不思議な顔をされたりしたとしても「あっ、えっと……」と怯んだり、曖昧に誤魔化してしまおうとしたりせずに、「そうですよ？　え、それがどうしたんですか？」「何言ってますのん？」というスタンスで返すようにしています（喧嘩を売っている訳ではなく、自分の中では当たり前だと思っているんですけど、何かおかしいですか？みたいな雰囲気を出します）。

もちろん、他人様に迷惑をかけたり、社会的に迷惑をかけるようなことを主張するのはダメですが、自分の中で正しいと思うことや、当たり前だと思うことは、堂々と主張したり、発言することが大事だと思うからです。

セクシャリティ以外でも、例えば、英語のアクセントを小馬鹿にされたときにも、変におどおどしたり、答えづらそうにしていたり、曖昧に答えたりしていては、それこそ相手の術中にハマるようなものなので、そうではなく、「アクセントがあるのは当たり前やん！　だって日本人やもん！　そんなわかりきったこと言ってどないしたん？」と堂々と言ってやるのです。そうすることで、「あっ、そうやな」と相手を黙らせることができます（実はこの返し方、同僚のブラジル出身のクルーがカナダ人に対して言っているのを見て学びました）。小馬鹿にしてくる人というのは、まさか相手がそのように強気で返してくるとは思っていない場合が多いのです。

留学当時19歳のときの私は、はっきり自分の意思を伝える術をまだ知りませんでした。

海外で暮らしていると、とにかく強くなります。日常生活でも、常に身構えているといいますか、どことなく心の中がファイティングモードな感じなので、私に限らず、海外在住者の方や経験者の方ならば、大なり小なり、誰しも自分なりの対処法みたいなものを会得しているような気もします。

私もカナダ生活の中で、何かトラブルなどが起こった際に、自分に非がなくて信念を持ってしたことであれば、「私はこうだからこうしました」と、どんな状況でも、自信を持ってはっきりと相手に伝えることが大事だと学びましたし、実際にそうするようにしています。カナダの場合は、そう言ったほうが逆に周りに認めてもらえたりしますし、また、トラブルのあった相手とも逆に仲が深まったりすることもあります。カナダに限らず、海外では特に、自分の意見はしっかりと言ったほうが良いですし、言ったほうが結果的に、1人の人間として認めてもらえると思います。

とにかく、相手に曖昧な態度は取らずに、言われたことを逆手にとって、「え？アンタ何言うてますのん？　私はこうやで！」と驚いてとぼけたような顔をするほうが、相手は何も言い返せなくなります。

この技は日常生活に限らず、職場の人間関係など、あらゆるシチュエーションで有効かと思っています。堂々と生きていきたいですもんね。

35

遠く離れているからこそ心は常に日本に日本の災害は一番の恐怖

実家がある日本から遠く離れたカナダに移住し暮らしている私にとって、日本の災害は一番の恐怖です。

もしも私がカナダにいるときに日本で災害が起きたら……、もしもそのときにオカンや伯母と連絡がつかなくなったら……、もしもすぐにカナダから日本に帰りたくても帰れない状況になったら……、考えたらキリがないことくらいわかってはいるのですが、考えないようにしようと思っても、いつも心のどこかに、そんな現実が起きてしまわないだろうかという不安があり、私にとって、それが一番の恐怖なのです。

実は、定年退職したオカンがカナダに滞在していたときに南海トラフ地震に関する警戒情報というものが出されたことがありました。皆様にとっても記憶に新しいかと思います。現在、伯母も大阪で1人暮らしをしているので、ニュースで一報を知り、心配ですぐに連絡をしました。

こちらの心配をよそに、幸いにも伯母は元気で、電話口の彼女はこちらが拍子抜けするほどあっけらかんとしていて安心したのですが、なんせ海外にいると、現場の詳しい状況がわかりませんし、どうしても、海外に流れてくる情報や報道内容には、現場との温度差が生じるといいますか、人々の不安をあおるような過大で過剰な報道もあったりするので、日本にいる以上に心配することや不安な気持ちになることも多いです。

このときの警戒情報が出された後の1週間は、毎朝スマホを手にする瞬間がとても怖くて、ストレスがありました。スマホを開いた瞬間に、もしかしたら、地震のニュースが流れてくるのではないか？　日本の友人から「大変なことになってんで！」とメッセージがきていたらどうしよう……。そんな恐怖が毎日ありました。

日本は世界でも類を見ないくらいの地震大国です。私が幼い頃に阪神・淡路大震災がありましたが、そのときは、ちょうど祖父の家に泊まった早朝に地震があり、タンスの上の仏壇が飛んできたことだけは今でもはっきりと覚えています。

日本で地震が起こると、真っ先に思い浮かぶオカンの顔。
リトアニア・シャウレイの街角で。

実は最近、宮城県に1人で行く機会があり、東日本大震災の震災遺構として残る、仙台市の荒浜小学校を訪ねました。ここは、震災による大津波の被害に遭いながら、児童と避難してきた近所の方々が、校舎の4階や学校屋上に避難して、奇跡的に全員が救助へリコプターによって救助された場所です。津波の高さは10メートルにも及んだそうで、校舎2階にまで海水が押し寄せたようです。

私が訪ねたときは、遠目からでもすぐにその校舎の存在がわかるくらい、荒浜小学校だけが平地にポツンと建っていたのですが、どうやら震災前は、学校の周りには住宅地があって、たくさんの人が暮らしていたそうです。そして住宅地を抜けると松林が生い茂っていて、さらにその先には美しい海岸線が広がり、夏場は海水浴場としてにぎわっていたようです。

校舎内には、震災時の写真パネルが展示されているとともに、震災の生々しい爪痕も目にすることができました。ベランダの手すりが折れ曲がっていたり、壁や天井が剥がれ落ちていたり、それを見て、津波の脅威や激しさを実感すると同時に、あちらこちらが錆《さ》びついてもいて、年月の流れも感じました。

震災時は、校舎の周り一面が海になり、学校はまさに孤島となったそうです。私は、震災前の小学校周辺の景色はわからないですが、校舎に避難していた子どもたちが、どんな気持ちで、自分たちの家や育った町が波に飲み込まれていく様子を眺めていたかと思うと、胸が張り裂けそうなくらい辛く苦しい気持ちになりました。

私の日本の家族は、今はオカンと伯母だけで、どちらも還暦を過ぎて1人暮らしをしています。それを思うと、「私だけカナダにこのまま住むってどうなん?」「帰ったほうがいいんちゃう?」と真剣に考えたりもしてしまうのです。

36

Ryucrewの旅の定義

どこに行くかより誰と行くか、何をするか

「仕事で色んな国に行ける！　しかもそれでお給料までもらえる！　最高やん！」というのが、キラキラした世界に憧れたことに加えて、実は私がCAとして働きたいと思った動機の一つでした。

実際にCAになってからは、スタンバイチケットを利用して、プライベートでも休みの度にあちこちに海外旅行に行きました。そして、「ここに行った！」「あっこに行った！」と新たな国に行く度に地図アプリで行った国を塗りつぶして満足したり、「もっと行ったことのある国の数を増やしたい！」という気持ちもあったりしました。でも、CAとして10年働き、私の中で徐々にその気持ちが薄らいできました。

そんな中で、最近の私が旅の定義として感じ始めたのは、〝どこに行くか〟よりも、

〝誰と行くか〟〝何をするか〟が大切だということです。一緒に行く人がいると旅は一気に楽しくなりますし、それが気を遣わないような人ならなおさらで、旅は行きたい人と行くほうが断然楽しいです。そして、誰かと行くことで、自分1人では味わえなかった新たな発見があったり、感動が共有できたりするので、おのずと旅の楽しみも増えます。

定年退職したオカンと行ったヨーロッパ旅行やなにわシスターズと行ったハワイ旅行なんかがまさにそれを強く実感した旅行でした。

たとえ仕事で幾度となく行った場所や、見慣れた景色でも、オカンや伯母と行くことで、また、2人と何かをすることで、日常が非日常になるということを改めて感じましたし、いつもとは一味も二味も違った気持ちでほんまに楽しめました。

オカンとイギリスのロンドンで、童謡の歌詞で有名なロンドン橋を見に行ったときも、せっかくやしと、「♪ロンドン橋落ちた」とオカンと一緒に歌いながら渡ったのです。が、二人とも最後の歌詞がわからずに、ずっと「♪落ちた落ちた……」と歌い続けてグダグダで終わってしまいました。ちなみに、正解は「♪さぁどうしましょう」です。これだって、1人だったらまず歌うことなんてないですし、そもそも、一

「♪ロンドン橋落ちた」をオカンと歌ったことが旅のハイライト。
ちなみに、後ろの橋はロンドン橋ではなくタワーブリッジです。

般的には、還暦の母親と30代の息子が一緒に童謡を歌うことは珍しいかもしれないのですが、こんな些細な出来事も思い出になってしまうのが旅の魅力の一つかも知れません。

他にも、京都でパートナーが〝おたべ〟にハマったのですが、彼が「おたべ」と上手く発音できないので、私たちはそれ以降、それを形が三角形だという理由で、「トライアングル」と呼ぶようになりました。私が日本に帰る度にいつも「トライアングル買うてきてな」と言われていて、それだって、彼といなければなかったことです。

海外旅行はすごく楽しいですし、自分の価値観が変わるくらいの刺激があったりします。ただ、最近は、日本の魅力をもっと探求したい気持ちが強くなっていて、国内旅行や車で行くような旅行に魅力を感じたり、憧れたりしています。

日本国内は、関西圏や西日本には比較的行ったのですが、東北はまだ最近訪れた宮城県と小学生の頃に寝台列車で訪れた青森県にしか行ったことがないので、大好きな「おしん」の故郷でもある山形県など他の県にも行ってみたいです。それから沖縄県の離島や北海道や八丈島、そして船でしか行けないような父島など、まだ行ったことのない場所にこれからたくさん行ってみたいと思っています。

また、車でしたら、飛行機と違って荷物を気にしなくていいですし、ある程度ルートを自由に選べます。なんなら、ドアｔｏドアで、自宅から目的地まで直に行ける上に、寄り道などの道中の楽しみもできる訳です。ＣＡの私が言うのもおかしな話ですが、これからはドライブ旅の魅力にもどんどんハマっていきそうです。

それに、国内旅行でしたら、なにわシスターズのトイレの心配も少ないですしね。

37

夢が動き出す Ryucrewは次のステージへ

少し前から、自分のこれからの人生についてよく考えるようになりました。コロナ禍や大切な家族を亡くしたこと、オカンの定年など、様々な環境や世界情勢の変化を肌で感じることが多かったここ数年。自分の中で変な焦りのような気持ちがあるのも事実です。

ただ、自分はこれからどう生きていくのかを決断したいと思う反面、なかなか1歩を踏み出せない自分がいたり、かと思えば、おばあちゃんがよく言っていた「なるようにしかならへん！」と強気な自分が顔を出して、背中を押そうとしてくれたり、頭の中で色んな思いが交差していた状態でした。

しかし、結局いつも最後にたどり着くのは、〝人が好き〟という気持ちで、飽きっぽい性格の私がCAを10年以上続けられたのも、また、YouTubeを続けていられるのも、この気持ちが強いからだと思っています。さらに、前著の出版記念イベントで、念願だった皆様と交流する機会を持てたことで、改めて「やっぱ人と交わるのが好きやわ」と確信のようなものを感じました。

実は、まだ水面下ではありますが、私の新しい夢が動き出そうとしています。ずっと私の頭の中にあった構想なのですが、皆様が集まれるような場所があったらええなあと思っていまして、カフェを作ろうかと思い立ち、その実現に向けて、近いうちにカナダから日本へ本帰国することも前向きに考えています。

また、元々、定年退職したオカンが働ける場所があればいいなあと思っていて、カフェでしたらオカンにも手伝ってもらえますし、彼女にとっても生活のメリハリや生きがいになるのでは？と考えたのもありました。

オカンにも日本でのカフェ構想や、日本に本帰国を考えていることはもちろん相談済みで、「ワタシも手伝うわ！」とは言ってくれています。「ウチの近くにしてな。通いやすいとこにしてな」と立地条件を要求するくらい、手伝う気満々です。

もし実際にオープンとなったら、伯母のスナックと競合になるかも？　なんて、さ

世界中を回って色んなものを食べた経験が、もしかしたら
カフェのメニューにも活かせるかもしれません。まだまだ旅路は続きます！

すがにそれはありませんが、伯母も経営者の先輩として頼りにしています。

そして、パートナーも、実家が元々レストランを経営していたこともあり、お店やゲストハウスなど、何か自分でやってみたいとは思っていたようで、私のカフェ構想には賛成してくれています。

そしてもちろんゆずも。彼の性格的に看板犬の座は他の犬には絶対に譲れないはずなので、同じ気持ちだと思います。

こうしてここまで考えを書いていると、いかに自分が好き勝手にやらせてもらっていたかに気づきます。そもそも大学生の頃、寂しそうにしていたおばあちゃんを残して1年間カナダに留学したこと、その後、オカンや日本の家族を残し、自分の新天地と決めてカナダに移住を決めたこと、パートナーに負担をかけるとわかりながらも家を空ける時間が多いCAの仕事をこれまで続けてきたこと、定年後のオカンを息吐く間もなく連れ回したこと、そして今度は地元に戻って新しいステージに挑戦したいと言いだしたこと……と、まあ本当に身勝手極まりない私です。改めて、いつもそこには周りの人のサポートや理解があったのだと気づきます。私の人生にかかわってくださった方々のおかげで、私の人生が滞りなく前へ前へと、今日まで動いてくることができたのだと心から思います。

しかしながら、私の性格上、「興味のあることは今やっとかな！」という感じは今も変わりませんし、何が起こるかわからないこの世の中で、「常に今を生きたい」とも思っています。残念ながら私の身勝手さは、今後もなかなか収まる気配がなさそうです。

おわりに

最後まで本書をお読みいただき、本当にありがとうございます。

前著では私が異国であるカナダで夢だった客室乗務員になるまで、そして実際にフライトに乗務をして経験したことなどを中心に色々なお話を綴らせていただきました。小学生の頃、他の教科に比べれば、まだ国語は少しだけ得意だったかな？くらいの私にとって、前著が皆様に受け入れていただけるのか、またどんな反応をいただけるのか、とにかく不安でした。しかしながら２０２４年3月の出版以降、本当にありがたいことに、「元気が出た」「前向きな気持ちになれた」など温かいお言葉を多数いただき、今回なんとまさかの書籍第２弾のお話をいただくことに繋がりました。ＹｏｕＴｕｂｅもちろんですが、書籍に関しても様々な形で応援をしていただき、そしてお世話になりました全ての皆様に、心から感謝の気持ちでいっぱいです。

今回の書籍では、前著に比べますと、かなりプライベートな内容についても多く触れさせていただきました。私の家族やパートナーのこと、そして私自身のことなどです。とくに本書の冒頭で綴らせていただいたオカンのカナダ無期限滞在やオカンとの行き当たりばったりのヨーロッパ旅行のことなどは、まさに昨年、オカンが生涯続けてきた保育士という仕事を定年退職した後のことで、私にとってもまだ記憶に新しい出来事です。「人生は旅のようなものだ」という言葉を耳にしたことがあります。私も実際、そこまで深い言葉を紡ぐことはできませんが、ここ数年、実際にそう感じるようになりました。旅の中には一期一会の出会いや別れ、予期せぬトラブル、見たことのない景色や未知の経験との遭遇など様々なことがあります。そういった出来事を通して、旅を終え帰ってきた自分は旅へ出る前の自分とは明らかに違うことに気づきます。それはまるで、旅の道中で〝人生の羅針盤〟を見つけ、知らず知らずのうちに人間として成長することができたような経験です。

オカンが定年退職の日、職場の人たちに温かく見送られる姿を見て、オカンのこれまでの人生を息子ながらとても誇らしく、そしてかっこよく思いました。オカンの「人生という旅」の、ひとつの集大成がそこにはありました。旅のスタイルは人それぞれですし、同じ場所で同じ時間を共有していたとしても、経験したことや学んだこと、感じたことも人それぞれです。今回の旅行でオカンが撮った膨大な写真の中には、私が旅行中に気にも留めていなかった景色がたくさん写っていました。そしていつも先を急いで歩いている私の後ろ姿の写真も。同じ場所にいたはずなのに見ていた景色は全然違っていたのです。それもまさに人生に通ずるところがあるなと感じました。同じ環境にいても見えている世界や感じ方は人それぞれで、どれが正解という訳でもない。ただ自分が見ていたもの、見えていたものが、その全てではないということです。今回の旅や本書を綴るにあたって、色々と振り返ったおかげでそれに気づくことができました。

なんて、最後にえらい大袈裟に書き綴ってしまいましたが、私もこれからまだまだ続くであろう人生という旅の中で出会うご縁や出来事などを大切にしながら、いつになるかわかりませんが、旅の集大成を胸を張って迎えることができるように生きていきたいと思っています。この本を手に取り読んでくださった皆様の旅が、これからも安全で充実した素敵なものになりますように、心から願っております。旅の途中、またどこかで皆様とお会いできますことを楽しみにしております。最後に、今回、2冊目となる書籍出版という素晴らしい機会を与えてくださった皆様に心から感謝いたします。本当に本当にありがとうございました。

2025年2月吉日　　どこかの国の上空から　Ryucrew

Ryucrew（リュークルー）
1992年生まれ、大阪なにわ育ち、カナダのバンクーバーを拠点とする外資系エアラインの現役CA（キャビンアテンダント）。欠航が相次ぐコロナ禍のもと開設したYouTubeチャンネル【関西弁CA / Ryucrew】は、チャンネル登録29万人超（2025年1月時点）、人気動画「CAが教える！ホテルに入室したら、絶対チェックすべき８項目。」は190万回再生を突破。コテコテの関西弁と人間味のあるユーモアで、客室乗務員の仕事やカナダでの生活、旅のTipsを配信。日本テレビ系『マツコ会議』ほか、数々のメディアに出演。2024年3月に刊行した前著『国際線外資系CAが伝えたい自由へ飛び立つ翼の育て方 当機は“自分らしい生き方”へのノンストップ直行便です』は発売即重版を達成。

YouTube：【関西弁CA / Ryucrew】
Instagram：@ryucrew_vancouver
X：@Ryucrew_MaleCA

国際線外《こくさいせんがい》資《し》系《けい》ＣＡ《しーえー》がシェアしたい
自分《じぶん》らしく生《い》きるための人生《じんせい》の羅針盤《らしんばん》

2025年2月26日　初版発行
2025年3月30日　３版発行

著者／Ryucrew《リュークルー》

発行者／山下 直久

発行／株式会社KADOKAWA
〒102-8177　東京都千代田区富士見2-13-3
電話 0570-002-301（ナビダイヤル）

印刷所／TOPPANクロレ株式会社

製本所／TOPPANクロレ株式会社

●お問い合わせ
https://www.kadokawa.co.jp/（「お問い合わせ」へお進みください）
※内容によっては、お答えできない場合があります。
※サポートは日本国内のみとさせていただきます。
※Japanese text only

定価はカバーに表示してあります。

ISBN 978-4-04-607305-1　C0095